民商法经典文库
赵万一　总主编
经典译著系列

CHILDREN, PARENTS AND THE COURTS
Legal Intervention in Family Life

子女、父母与法院
家庭生活中的法律干预

［澳］约翰·西摩　著
（John Seymour）
李俊　译

法律出版社　LAW PRESS·CHINA
北京

Children, Parents and the Courts: Legal Intervention in Family Life
by John Seymour
Copyright © 2022 The Federation Press Pty Ltd
All rights reserved. No part of this book may be reproduced or transmitted in any form or by any means, electronic or mechanical, including photocopying, recording or by any information storage and retrieval system, without permission in writing from the Proprietor.

中文版由联邦出版社有限公司授权法律出版社有限公司独家出版发行。
版权所有，违者必究。

著作权合同登记号
图字：01-2023-1473

"民商法经典文库"
编辑委员会

主　任　赵万一　李雨峰

委　员　（按姓氏笔画为序）

　　　　　王　洪　孙　鹏　李　燕
　　　　　汪青松　张　力　张建文
　　　　　张惠彬　茆雪飞　林少伟
　　　　　秦　洁　黄　汇　黄　忠
　　　　　黄家镇　曹兴权　谭启平

总主编简介

赵万一

西南政法大学民商法学院教授、博士研究生导师。曾任西南政法大学民商法学院院长、《现代法学》主编。兼任中国法学会商法学研究会副会长、中国法学会民法学研究会学术委员会副主任。先后被西北政法大学、福州大学、西南大学、福建师范大学、山东经济学院等多所大学聘为兼职教授；上海大学、福建师范大学兼职博士研究生导师；英国《法律与管理国际杂志》（ML-The International Journal of Law and Management）编委。

曾出版《民法的伦理分析》《民法概要》《商法基本问题研究》《证券法的理论与实务》《中国竞争保护法律制度研究》等个人专著多部，主编《商法学》《证券法学》等教材数十部。先后在《中国社会科学》《中国法学》《法学研究》《人民日报》《光明日报》等报刊发表论文150余篇，有数十篇文章分别被《新华文摘》、《中国社会科学文摘》、中国人民大学书报资料中心《复印报刊资料》转载。其《民法的伦理分析》一书曾分别于2005年和2017年在我国台湾地区五南图书出版股份有限公司和日本经济法律出版社出版，多篇论文在日本、韩国等国发表。

作者简介

约翰·西摩(John Seymour)

对儿童和法律研究有特殊的兴趣。1979~1981年,他担任澳大利亚法律改革委员会调查澳大利亚首都领地儿童福利立法的调查专员。这项调查产生了一份重要且有影响力的报告——《儿童福利》(1981年ALRC第18号报告)。他在澳大利亚国立大学法学院任职时仍保持着这种兴趣,并于1998年以一名讲师的身份退休。他教授的课程包括"儿童福利法"和"儿童、父母和国家"。他还教授"刑法"、"社会福利法"和"刑事司法管理"等课程,并从事医学—法学研究,研究重点是胎儿的法律地位和产科领域的诉讼。他的著作包括《处理年轻罪犯》(1988年)和《生育与法律》(2000年)。他还与菲尔普·奥尔斯顿(Philp Alston)和斯蒂芬·帕克(Stephen Parker)合著

《儿童、权利和法律》(1992年)。他在许多期刊上发表过文章,包括《澳大利亚和新西兰犯罪学杂志》《联邦法律评论》《侵权法与社会评论》《牛津法律研究杂志》《法律与医学杂志》《现代法律评论》《法律和家庭国际杂志》。他目前是澳大利亚国立大学法学院的荣誉教授。

译者简介

李俊

1976年生,法学博士。西南政法大学民商法学院副教授、硕士研究生导师,兼任中国法学会婚姻家庭法学研究会理事、重庆市红十字会理事,曾任西南政法大学民商法学院婚姻家事与财富传承研究中心主任,美国明尼苏达大学卡尔森商学院访问学者。

主要研究方向为家事法、家族财富传承。出版专著《离婚救济制度研究》,参编《外国婚姻家庭法比较研究》《中国大陆与港、澳、台婚姻家庭法比较研究》《中国大陆与港、澳、台继承法比较研究》《外国继承法比较研究与中国民法典继承编制定研究》等著作;主持重庆市科学委员会重点项目1项、重庆市发展和改革委员会重大项目2项、重庆市民政局项目多项,作为主研人员参与国家社科基金项目多项。

作者备注

在本书中，我选择不使用编号的参考文献，取而代之的是，每章的末尾会出现一组一般性的注释。我一直在寻求某种平衡：既能使书更具可读性，避免在文本中使用大量分散注意力的数字，同时也能让感兴趣的读者找到我得出研究结果的资料来源。我相信，希望更多地了解书中所讨论问题、案例和立法的读者，可以在注释中找到足够的信息，识别相关材料。我所参考的书籍、期刊文章和报告的全部细节均载于注释。

致　谢

我得到了许多朋友的支持。我要特别感谢尊敬的澳大利亚家庭法院的前法官理查德·奇泽姆(Richard Chisholm)。他的贡献是无价的:他阅读了草稿中的每一章,并提出了有益的、鼓舞人心的意见。尤其在我撰写儿童保护法律对土著儿童的适用这一节时,理查德特别慷慨地提供了帮助。我还要感谢尊敬的戴维·哈帕(David Harper),他曾是维多利亚上诉法院的法官,感谢他的帮助及对本书表现出的持续兴趣。我特别感谢贾斯汀·莫洛尼(Justine Molony),她编辑了手稿并提出了精辟的建议。感谢联邦通讯社所有人,尤其是丽贝卡·冯(Rebecca Fung)、杰森·莫纳汉(Jason Monaghan)、约瑟芬·罗密欧(Josephine Romeoand)和特里莎·瓦里亚普(Trisha Valliappan),感谢他们提供的帮助和建议。我还要感谢约翰·埃凯拉尔(John Eekelaar)耐心地回答了许多问题;感谢艾伦·卢(Alan Lew)在我面对计算机问题时找到了解决方案;感谢朱丽叶·碧伦斯(Juliet Behrens)利用她在家庭法方面的专业知识,提供了周到的指导;感谢澳大利亚儿童保护中心的菲奥纳·阿雷(Fiona Arney)教授,她帮助我找到了关于北方领地儿童福利政策的材料;感谢格罗宁根(Groningen)回答了一个关于荷兰法律的问题。最后,我要一如既往地感谢我的妻子希瑟(Heather),感谢她坚定的支持和敏锐的校对。

总序：民商法学研究的时代使命

时至今日，虽然理论界对民商法在中国特色社会主义法律体系中的角色定位并未形成完全一致的看法，但对其在促进社会权利意识的觉醒、创造力的激发乃至社会经济的振导方面所发挥的巨大作用，几乎没有人能够否认。一方面，缘于其调整内容的广博性、调整方式的人本性、调整范围的全覆盖性和规制目的的正义性；另一方面，则得益于其所承载的"固根本、稳预期、利长远"的历史使命的厚重性和在强调促进社会经济发展的同时注重人与自然和谐发展的先进立法理念。通过研读世界主要国家的法律发展史，我们不难发现，具有时代引领意义的重要民商法律制度的制定，通常是伴随一个国家社会制度的重构、社会政策的改变和社会观念的变革应运而生的。因此，民商法律制度的设计通常并不仅仅表现为单纯的制度进化和规则演变,更反映了社会经济政治制度环境的优化和社会意识的嬗变。我国也不例外。发轫于20世纪70年代末的经济体制改革,不但将现代中国社会深深打上了法治烙印,而且极大激发了法律对社会关系特别是社会经济关系的调整冲动,从而将上层建筑对经济基础的促进作用发挥到极致。时至今日,伴随计划经济向市场经济的成功转型而不断拓展其作用深度和广度的民商事立法,无论是对中国民众国民性格的塑造、行为模式的固化,还是对整个社会经济运行驱动力的重新构造,都产生了越来越显著的影响。以平等和自治为核心的民商法律制度不但成为国家调整社会关系特别是社会经济关系的最重要法律手段,而且成为社会主体行为选择的首要凭依因素;以公平和效益为主旨的民商法律思维已深深嵌入人们的思维逻辑链条中,成为人们臧否立法和司法活动的主要标尺;以良善、诚信、忠实为先导的民法文化不但发挥启佑民智之功效,而且已逐步内化为一种社会习惯和社会生活方式。作为民商法制度根基的平等原则并未得到有效贯彻,进而在主体立法上采取差别性待遇的做法还比较普遍。在民商事司法领域中,由于未对价值取向各异的不同审判类型进行必要的审判理念区分,从而导致审判活动既无法满足以自然人为代表的普通民事主体对公平理念的强烈渴求,也无法有效实现以公司为代表的商事主体追求效益的行为动机。在法律意识层面上,民商法的私法属性和权利法属性并未获得普遍的社会认同,民商法所体现的一些基本法律价值和法律精神也没有随着民商事立法的繁荣而获得广泛的尊重和支持。造成这种广大民众对民商法价值认同感不高的原因是多方面的。由于民商法是直接介入市场经济和商品经济形态塑造和规则设计的法律制度,因此,无论是在立法上还是在司法实践中,人们都有意或无意地将所有的民商事法律制度的作用定位为促进市场经济的发展,从而淡化了作为民商法精神内核的人本主义思想和人文主义理念。不仅如此,民商法的非理性繁荣还助长了法律对社会关系的调整作用,包罗万象的法律规则试图将调整的触角延伸至公民生活的每一个领域。实际上,法律更多是作为约束人类非理性行为的必要羁绊而存在的,任何类型的强制行为都不可避免地会对社会主体的行为及与此相连接的社会关系起到一定的限制作用。

从经济基础对上层建筑的作用结果来看,肇端于20世纪70年代末的经济体制改革和对外开放不但极大解放了受到压抑的生产力,而且充分激活了潜藏在人类内心深处追求财富的欲望,使人们从普遍的羞于言利转变成攫取财富。中国社会第一次感受到法律对社会生活的强大影响力和导引力。正是法律对社会经济关系的强力介入,不但彻底改变了利益的获取和分配方式,任何主体的正当经济利益诉求都必须通过法律加以固化、疏导和界定,而且极大地促进了社会财富的增加,使中国在很短的时间内跃居世界第二大经济体。正是基于对法律作用的高度重视,我们在短短的40多年时间里建立起了比较完备的社会主义市场经济法律体系,从而为全面实现依法治国奠定了必要的法律硬件基础。任何国家的法治现代化都不能通过简单的对外国法律制度的借鉴而完成,成熟的法律制度除借鉴人类法治文明建设有益成果外,还必须加强对本国法治资源的挖掘和对法治适用环境的建设和改造。为此,我们不但要重视对民商法具体法律制度的吸收和构造,而且更应加强对民商法基本理念、基本作用、基本精神和基本价值的研究和认识,更准确地定位民商法在构建新时代中国特色社会主义法律体系中的地位和作用,因为只有以先进理念作支撑的法律制度才能真正有效发挥其对社会关系的精准调整作用。

大学作为现代文明的发祥地和社会知识的集散地,既是民族文化的传承者,也是现代文明特别是现代法治文明的创造者和传播者。相对其他类型的院校而言,法科院校基于其独特的创设要求和人才培养目标,在创新社会法治理念、提供法律制度有效供给、推进国家现代法治文明建设方面无疑负有特殊的义务和责任。西南政法大学作为一所以法学为主的多科性院校,创设于新中国百废待兴之时,繁荣于改革开放的历史机遇期,不但见证了中国法治建设的曲折历程,而且对中国的法治建设贡献了自己的责任和智慧。其民商法学作为传统的优势学科之一,经过几代人的不懈努力,逐步形成了以民本天下为情怀、以商达经纬为志向、以知行合一为目标、以振兴国家为责任的学术精神和专业特色。自 20 世纪 50 年代开始,学科奠基人金平教授、杨怀英教授等老一辈开宗学者秉持学术报国之宏愿,开拓奋进、殚精竭虑,历经筚路蓝缕之磨难,披荆斩棘之艰辛,初创西南政法大学民商法之学林。20世纪80年代之后,沐浴改革开放之春风,西南政法大学民商法迎来第一次鼎盛时代,金平教授和杨怀英教授作为全国民商法领域中的重要领军人物,以他们的敬业精神和人格魅力,团结和凝聚了包括邓大榜、聂天贶、黄名述、李开国、柯瑞清、邓宏碧、张和光、赵勇山、叶清勋、赵泽隆、谭向北、程正宗、陈志学等30余位在全国有一定影响力的中年骨干教师;以王卫国、禄正平、伍载阳、刘晓星、张玉敏、尹田、吴卫国、赵万一等为代表的一批年轻学者开始在国内学术舞台上崭露头角。西南政法大学也自然而然地成为国内名副其实的民商法教学与研究重要阵地。20世纪90年代末期以来,在李开国、张玉敏、赵万一、陈苇、谭启平等学术带头人的带领下,本学科全体同仁励精图治、拼搏进取、内外双修,不但使学科师资规模达到创纪录的120余人,而且在职称结构、学历结构、学缘结构等方面都有了实质性改善,教学科研水平也不断上升到新的台阶。我们坚信,在国内外同仁的关心和支持下,经过本学科全体师生的共同努力,西南政法大学民商法学的明天一定会更加灿烂辉煌。

民商法作为一个应用性很强的实用性学科,并非产生于书斋中的理论推演,而应来源并服务于社会经济生活。本学科一直以关注民生、强调民本为己任,秉持造福苍生,心系天下的情怀,努力将自己的研究服务于国家的经济建设和法治建设。具有中国民法典"活化石"之称的金平教授不但全程参与了第一次至第三次《民法典(草案）》的拟定，而且其所提出的许多富有创见性的观点，如民法调整的是平等主体之间的财产关系和人身关系，直接影响了《民法典》的制定。具有中国婚姻法"女神"之称的杨怀英教授不仅参与了1980年《婚姻法》的修改，而且始终关心中国家庭制度的发展变化及其与社会之间的互动关系，在花甲之年仍亲自带队，到当时条件十分艰苦的云南西双版纳和德宏两大民族自治州长途奔波数千里，开展长达数月的田野调查，出版了具有填补空白性质的《滇西南边疆少数民族婚姻家庭制度与法的研究》。这个优秀传统一直传承至今。陈苇教授在主持司法部重点课题时，以"农村妇女土地权利保障"为视角，先后组织1000多名学生深入农村考察并形成了数十万字的调研报告。在2008年"5·12"大地震发生后不久，以本学科刘俊、谭启平、刘云生等教授为主的12位法学专家联名上书全国人大常委会，建议尽快制定重大自然灾害处置特别法令并草拟了一部近万字的《重大自然灾害处置特别法令（建议稿）》。在具有世纪工程之称的《民法典》制定过程中，本学科不仅有数十人深度参与了《民法典》的条文拟定及其相关的立法调研论证活动，而且在《民法典》颁布之后的第一时间内成立了规模庞大的《民法典》宣讲团，深入国家机关、企事业单位和社区、农村，向广大社会公众宣讲《民法典》的伟大意义，充分体现了学者的责任与担当。

近年来，国际、国内民商法学科的迅速发展向我们提出了严峻挑战。国际上，无论是源于罗马法的大陆法系还是源于海洋经济需要而产生的英美法系,都正朝着更深、更广、更前沿的方向延伸与发展,民商法学理论日益博大精深,法学流派呈现多元化趋势;民商法学研究更加注重与法律实践的契合,注重对司法领域中出现的新的法律问题的审视和研究;在全球化趋势的推动下,各国民商法学日益走向相互渗透与融合,同时又更加注重与本国国情的结合,呈现国际化与民族化共同繁荣的趋势;法学理论方面,跨学科研究方兴未艾,交叉学科、边缘学科如雨后春笋般大量涌现。在国内,随着依法治国方略的推行,民商法学研究更加深入与务实。一方面,在全球化的大潮之下,如何借鉴人类精神遗产,借鉴外国合理的法律制度与精神,成为摆在中国民商法学面前的重大课题之一;另一方面,在国内市场经济发展过程中出现的各种法律问题也向民商法学提出了挑战,如何立足中国的法律实践,利用世界各国的经验,发扬我国优良传统风俗,应对未来经济、政治、文化的重大转折,也是中国民商法进一步发展所必须解决的重大课题。为了总结西南政法大学民商法学科在过去40多年中取得的成绩,饮水思源,时刻铭记老一辈民法学者对本学科发展所作出的突出贡献,我们曾与法律出版社联袂于2009年编辑出版了5卷本的"西政民商法学阶梯"丛书和20卷本的"西南民商学人文库"和多卷本的"民商经典译丛"。为了发挥本学科在民商法基础理论特别是民法哲学方面的研究优势,我们先后编辑出版了两辑共13本"民法哲学"丛书。为了扩大与我国台湾地区的学术交流活动,我们曾与华中科技大学出版社、台湾元照出版股份有限公司倾力打造了"华中·元照西政民商法学术文库"和"华中·元照中青年法律科学文库"。

为了进一步充分发挥法学研究对法律实践的引领作用，我们决定集合校内外各种资源，推出既能综合反映西南政法大学民商法学科科研实力，又能广纳群贤、有效汇集国内外最新民商法学研究成果，并能对中国法治建设起到推动作用的大型系列丛书——"民商法经典文库"。本文库分为民法哲学、经典译著、学术研究、前沿争鸣、名家讲坛、教育研究、经典案例及年度十大有影响力案例、研究随笔9个系列。同时，我们也真诚邀请国内外贤儒同仁不吝赐稿，积极支持我们的工作。我们相信，在国内外同行专家的共同帮助下，本文库一定能够达到预期目标。

是为序。

2012 年 11 月 6 日于西南政法大学

2021 年 7 月 6 日修订于西南政法大学

目　录

序　言　　　　　　　　　　　　　　　　　　　　　001

第一部分　关于子女抚养的争议

1　里程碑式的案件：至上原则的应用　　　　　　009
　判决的背景　　　　　　　　　　　　　　　　　011
　结果：卡洛斯身上发生了什么？　　　　　　　　017
　要吸取的教训　　　　　　　　　　　　　　　　019
　注释　　　　　　　　　　　　　　　　　　　　022

2　未成年子女保护：法律　　　　　　　　　　　024
　澳大利亚的至上原则　　　　　　　　　　　　　024
　未成年子女保护法案　　　　　　　　　　　　　025
　定义上的问题：当前的法律　　　　　　　　　　027

至上原则的适用	030
《联合国儿童权利公约》	032
作为社会基本群体单位的家庭	034
生父母的责任	036
对法律角色的怀疑	037
注释	038

3 儿童的保护：现行的法律　042

一个困难的家庭	050
切断家庭联系	058
安德鲁（Andrew）案	061
世界的不同看法	065
注释	070

4 儿童的保护：一些困境　072

"最大利益"的含义	072
保护家庭单元	075
儿童保护机构的现状	078
一个悲剧性的案件（多个案件中的一个）	081
将案件放入背景中	086
注释	090

5 最大利益和文化与种族认同　093

一段痛苦的历史	094
自决	097

儿童保护法律对土著儿童的适用	101
法律对文化差异的确认	107
法律的困境	110
对土著儿童文化认同的尊重:一些问题	115
一种妥协?	120
注释	123

第二部分　关于决策的争议

6　另一个具有里程碑意义的案件:对父母权威的挑战　129
　对父母权威的再定义　130
　决断　132
　重访吉利克　134
　一种修正的育儿观(和一些质疑)　137
　对子女作出自我决定的允许　138
　注释　143

7　关于子女自决自由的问题　145
　Re R 和 Re W:黯然失色的父母权利?　150
　法院的角色　155
　一些问题　158
　注释　159

8 "仍是一个孩子" 161
Y 的案件 161
X 的案件 165
一些反响 177
推翻父母的意愿 178
"吉利克能力"和自治权 181
法院的权力 188
注释 190

9 父母的权利：一些限制 195
一些例证 202
一些反应 217
注释 222

10 一种三角关系 225
对亲子关系的干预 226
最大的利益 233
法律如何运作 236
关于决策权的争论 239
法院的角色 241
最后的话 244
注释 244

索 引 249

序　言

本书论及未成年子女、父母及相关法律这个三角关系。主要讨论法律在处理未成年子女利益保护和提升他们福祉的各类争端时会引发的问题。

本书的起点是亲子关系本身的特殊性。法律尊重父母的权威，但在一些情况下法院却又不情愿地涉足于家庭领域中的私人世界。未成年子女"归属于"其父母的观念已经根深蒂固，法律对此乐于选择的"不干涉"政策也把空间留给了父母。然而，当法院必须涉足的时候（如涉及虐待或严重的疏忽行为），在很多情况下，关于是否可以清楚认定父母能够被依靠的观点存在很大的差异。在家庭事务中，法院很难划清良好的干预和不当的干涉之间的界限。

就父母在未成年子女决定行使自决权时试图控制他们这一情况

而言,父母存在不同的考虑。如果不考虑成人世界的看法,何种情况下未成年子女可以自由地作出他们自己的决定(哪怕是错误的)?

法律处理这类问题的方式是存在变化的,答案应该可以在法官们于个案之裁定的报告中找到。而这些裁定的依据又需转向于被律师们称为"普通法"的内容。"普通法"这个术语,从起源上看,是指由英国法官开创使用并在整个英国都具有"一般性"的法律。这些法律是澳大利亚法律赖以建立的基础。这些法律采纳并适应了英国法院中存在的种种原则,这也可以解释为何笔者在本书中通常会参照这些法院所作出的裁决。

一个21世纪的澳洲读者可能会提出一个合理的问题,为什么他或者她需要那么麻烦地去读那些被如此遥远的法院作出且历时久远的判决呢?答案在于,这些判决并不仅是一段古代的历史,对这些判决的了解是理解我们现代法律制度不可缺少的基础。澳大利亚的法官们会定期查阅英国的重要判决,在一些情况下还会遵循那些英国判例。这些判例是我们的法官所适用法律的一部分,作为回报,适用这些英国判例而形成的判决也就构成了澳大利亚普通法的一部分。

关于儿童福利的各种争议,其解决办法就存在于旧有判例的投射范围之内。应该通过查询和仔细地观察来确认"法律"是什么,以及它应如何在当前的案件中被适用。对早期判例的了解对于理解当前的法律至关重要。对法官在解决前期事务中那些论证的解释可能会引出很多问题,这些问题也困惑着那些关注适用何种法律途径来增进儿童福利的人。

前期的判决可以被看作一个模板,它们可以被法官适用于确定后来发生争执的事实和律师从陈述中得到支持的事实。但就本书所涉及的领域而言,有关早期判决可以提供模板并可相应获得一个清晰"解答"的愿景最终常常令人失望。这主要是因为,在该领域,前期判决提供的只是首要的原则而非固定的规则。处理涉及儿童案件的法官将不可避免地声明法律要求案件结果应该有助于提升儿童最大利益。生活常识在此成为立法者所接受的戒律。

但生活常识提供的指引常常是无用的,因为它太不明确。在任何一个关于未成年人的纷争中,秉持儿童最大利益原则的法官总是有很大的回旋余地。一名法官对于何者是未成年人最大利益的观点可能与其他法官不同。案件结果可能受法官年龄、性别、个人哲学、教养和背景的影响。而在家庭关系的敏感领域,法官年龄越大,越可能被认为观念过时。最后一点特别重要,那就是态度改变。一名19世纪的法官就什么是一个被很好抚养长大的姑娘的最大利益的看法与今天的法官确认什么对一个活跃的年轻女孩最为有利的看法可能会有很大的不同。

因此,在本书的主题范围内,尽管判例法很重要,但其通常只是出发点,提供一个标杆,一条接近正确研究结果的道路。

与此相对应,普通法才是由联邦、州制定的法律,成文法是另一个法源,本书会解读其运作的具体情形。这些制度运作的目的,是为那些法院在涉及未成年子女及其父母的争议中必须适用的原则或规则提供明确的阐释。

因此,本书对判例法和成文法均有涉及,并将阐明在子女抚育争端中和当何者为子女最大利益无法确定时,在由决定权归属所引发的争议中法律体系的运作方法。有时需对父母的权威加以尊重,而有时也需要法院介入。还有的时候,未成年子女会主张其自决权,而这也会促进法院的诉讼。

第一章的主题是"J诉C案"这个英国里程碑判例。该案的判决和其所依赖的一系列早期判决,有助于我们理解法院在面对"一个孩子最好和他的父母在一起"这个一般化的观点时所产生的争议。

第二章讨论了澳大利亚当前的未成年人保护法案,这些法律对福利部门在什么情况下可以介入家庭生活加以明确并进行了限制。这些法律试图回答在父母抚养子女的过程中,法律何时不应干预而何时又应该介入的问题。试图回答这一问题的努力也反映出很多早期英国判例中的分析在今天仍然有其意义。

第三章阐述了澳大利亚儿童福利机构的日常运作。采取了案例研究的形式来展示法律的运作。

第四章建立在前述基础上并探讨了未成年子女保护体系所面对的一些基础性困境。

在澳大利亚,引起了特别注意的一个问题是,未成年子女保护体系回应土著家庭需求时的路径。其中一个主要的问题是,在反映土著文化认同的同时,该体系可以在多大程度上促进土著儿童的最大利益。该话题就是第五章的主题。

第六章评介了另一个英国里程碑似的案件——"吉利克案"(Gillck's case)。该章研究了有能力自治的子女面对父母反对时作出决定的情况。由此引发的一个典型问题是,当一名子女声称有权接受或拒绝药物治疗时应如何处理。

第七章探讨了这个案件的意义以及在后续案件中社会对承认子女自决权的意愿。可以预见的是,在成人世界认为存在子女最大利益的情况下,我们的社会通常很难拒绝予以介入的诱惑。当子女因拒绝同意接受药物治疗而处于危险状态时,一系列案件的出现清楚地说明了此点。也有一些案件是父母拒绝给予必要的同意。这两类案件都在第八章中进行了讨论。可以看到的是,当有证据表明不这么做将使子女陷入受伤或死亡的危险时,法院会毫不犹豫地运用其权力来授权治疗。

第九章对法院权力这一主题作了进一步的解读。澳大利亚最高法院已经确定,有些特别的治疗程序不能由一个父母作出有效的同意。自此开始,澳大利亚法官已经表明他们愿意介入并授权启动这些治疗程序。这就引发了一个有趣的问题,什么情况下法院可以比未成年子女的父母更能主张其对该子女的权利。

第十章再次阐明了本书对未成年子女、父母和相关法律的三角关系进行分析时所浮现出的一些关键性问题。其中最重要的是,法律对在亲子关系的介入中的保留。律师们设计的规则和程序为介入家庭生活设置了限制；而当一名子女需要保护时，这些规则和程序在其措施效力方面反映出一些可疑之处。尽管有这些限制，法律仍要求法院达到保护子女最大利益的结果，达到一个很难解释和执行的标准。而当成熟子女寻求自决权时会更复杂，谁作出关键的决定会影响其福利——父母还是子女自己？与子女相关的所有法律的根基在于这个观点，即未成年子女是弱者，法院应在保护未成年子女中扮演一个角色。当一个澳大利亚的法庭假定采取该行动比让父母或子女去判断什么是子女最大利益更有利时，该法庭可能会最终采取行动。

本书的目的是探讨法官处理涉及未成年子女争端时遇到的一些困境。大量的案例研究反映出了这些困境的存在。本书不是一本教科书，也不打算提供一个关于澳洲法律在父母与子女间适用时的综述。相反，本书对一些相关评论和被设计用于保护澳洲未成年子女的法律的运作进行了介绍。

本书是为一般读者和那些从事未成年子女和家庭相关工作的人准备的。儿童权益保护工作者、为身处困境中的儿童提供健康保护的专业人士、处理儿童案件的律师、社会工作学生对本书会特别感兴趣，致力于以法律增进儿童福利的政策制定者也会对本书产生兴趣。

第一部分　关于子女抚养的争议

1 里程碑式的案件：至上原则的应用

当父母将子女称为"我们的孩子"时，往往意味着除了个别外，多数父母希望对照顾子女的问题负责。笔者将在本章讨论一个在亲子关系方面传递了一丝光明的英国案例。这个案例是由英国上议院（当时英国的最高上诉法院）裁定的，该案反映了普通法的发展。在该案件的判决中所阐明的原则已经成为法律的一个有机组成部分，且澳大利亚法院在处理家事纠纷时也适用该原则。

该案件被称为"J 诉 C 案"（仅使用首字母是为了保护当事人的身份）。该案于 1969 年被判定，关系到一个被笔者称为卡洛斯的年轻男孩。

卡洛斯的故事

卡洛斯于1958年在英国出生，他是一对移民到国外从事家政服务工作的贫穷夫妇的儿子。在他出生后，母亲就生了病并长期在医院治疗。一个能熟练使用西班牙语的当地女子被叫来帮助这个家庭，她和她做律师的丈夫同意像养父母一样照顾卡洛斯。他们在卡洛斯4天大的时候把他接到身边。这对夫妇和他一起生活了11个月。

卡洛斯的父母后来将之接回并在1960年返回了马德里。在当地，这个家庭居住在贫民窟似的环境里，卡洛斯的健康因此而恶化。当卡洛斯3岁的时候，应其父母的要求，他回到了伦敦并和养父母一起生活，他的健康也很快得到恢复。卡洛斯的父母似乎也接受了现状，此后，其养母就给卡洛斯的母亲写了"一封不得体和最不幸的信"。在信中，养母声称卡洛斯已经融入了她的家庭，进入了英国的学校且成长为一个具有英国习惯的英国男孩。养母还声称，对卡洛斯而言，回到父母身边并在马德里生活将是对其最大的困扰。卡洛斯父母要求孩子回来。双方的争议被提交到法庭。

该诉讼于1963年开始，但直到1965年才举行了第一次聆讯。法院判令养父母在此期间照顾卡洛斯。2年后，卡洛斯的父母再次诉请返还孩子。在审理中，法官裁定对养父母有利的令状继续执行,卡洛斯父母的上诉也再次失败,该家事纠纷在1969年被提交到英国上议院处理。当时,卡洛斯已经10岁半了,他被很好地安置在英国的学校里,并且自1961年(他当时3岁)开始他就没有见过其亲生父母。他一直生活在"一个幸福的环境中,也有一个团结和睦的家庭"。然而,另一被证明的事实是,卡洛斯父母在马德里的家现在已经和之前非常不同且完全宜居,卡洛斯的父亲作为砖匠有了稳定的收入,母亲的身体也"完全地恢复"了。

上议院不得不确认初审法官将卡洛斯留给养父母的判决是否恰当。法官是否可以选择由养父母而不是亲生父母照顾卡洛斯?讨论的起点是否应基于亲生父母已经被赋予对其子女监护权的假定(实际上,他们"拥有"其子女)?

判决的背景

和惯常一样,法官通过检索早期与子女抚养相关的判决而最终形成其结论。到了18世纪,法院在保护未成年子女的角色中占有一席之地的观点已被接受;为了扮演好其角色,法院必须对促进儿童福利的需求给予重视。而这与在J诉C案中法院确认法律是否允许推翻亲生父母主张的背景是相背离的。

为了回应这个问题,法官们不得不在反映19世纪亲子关系的观点中择路而行。在维多利亚时代,基本的观点是,父亲是家庭权力的行使者,家庭是一个小的王国而父亲则是君主,母亲只是背景中的一个模糊的身影。和她的孩子一样,母亲也遵循家庭中的领导所制定的规则,她只是"一个纯粹的奴隶"。从法律角度看,就子女的抚养而言,父亲拥有排他性的权威,母亲则完全无从置喙。

考虑到对父亲权威的尊重,法院在关于子女的聆讯中不愿意去侵占属于父亲的领地也就不足为奇了。在1883年的一个案件中,一名法官认为法院"没有权利去干涉父亲对其子女所享有的神圣权利"。另有一名法官提到"自然法指明,就对其子女更好的规则而言,父亲了解得比法院更多"。在一般情况下,违背父亲的意愿就是将"整个自然的程序和命令置之不理"。在一些比较极端的案件中,父亲可能会失权,但这种情况可能很少见。只有在一个父亲已经表现出其不适合运用其权威时,法院才可以介入。

但趋势逐渐地发生了变化,母亲的要求被加以承认。这种变化是通过成文法的制定而非判例法的发展而确认的。《1886年未成年人监护法案》规定,如果一个孩子的父亲去世,其母亲就担任监护人。对于一个21世纪的观察者而言,有点奇怪的是,这类立法是否有必要,因为我们会假定监护权的传递是自动的。该法案也规定,在双亲健在且存在争议时,母亲可向法院诉请获得对其子女的监护权,而法院只有在"已经考量了该子女的福利"和"双亲的行为及父母各自的意愿"后才能作出裁决。

这个条款非常重要。法院具有保护未成年子女利益的义务第一次被以成文法的形式予以确认,这也间接地在很大程度上构成了赋予母亲平等权利的改革的一个组成部分。这个改革并不意味着母亲取得了像维多利亚时代的父亲们那样的权利。我们会看到,对福利原则的逐步肯定在亲权上产生了许多问题。母亲正是在这些力量开始减弱的时候从阴影中走了出来。

尽管发展焦点慢慢地从父权转移到亲权,但重视父母亲权的问题持续引起评论。在1990年爱尔兰的一个案件中,法院的观点表明,法律仍倾向于假定父母了解子女的最大利益:

> 自然权利可能被取代前必须表明存在处理不当、疏于承担亲权义务以及不能为子女提供福利的情况。如果父母一方生活无可指责,能够并愿意以父母的身份和地位为孩子提供物质和精神上的必需品,就我个人而言,法院应受限于自然法和其所处社会,并坚持……"子女最好与其父母在一起生活"。

这里所称父母的"无过失的生活"非常重要:有不少的判决中,法院都援引了"无过失之父母"的形象。通过解释,不能认定这样的父母被剥夺了照顾其子女的权利。

《1925年未成年人监护法案》未完善这方面的规定。该法第一章就规定,在任何影响监护权或子女抚养的诉讼中,法院必须把子女利益视为"首要和最重要的考量,而不去考虑是否父亲主张了超过母亲的优先权或母亲要求了超过父亲的优先权"。这代表着一种对母亲权威的进一步承认,该法的前言也对此予以了明确。这表明该法的目标是实现法律在性别方面的平等。

但上述目标仅仅只是部分地实现了。《1925年未成年人监护法案》并没有赋予母亲和父亲同等的地位。应认识到其措辞的局限性,该法案仅仅声明"在任何影响监护权或子女抚养的诉讼中",父亲的主张不比母亲的主张有优先性。直到一个事件被提起诉讼时,母亲的利益才得到承认。为了维护这些利益,她不得不寻求法院的判定,而这是一个艰巨且耗资巨大的工作。在家庭环境中,母亲依然扮演着下属的角色。例如,法律不承认母亲有权同意子女接受药物治疗或为其子女取得一本护照。该法寻求父亲(作为法定监护人)给予的必要同意。在该法通过前,一位女权活动家就曾指出:

> 可怕的法律虚构让男人拥有控制其子女的首要权利,该子女是妇女承受着巨大的苦难并冒着生命危险生育的,自然和习俗还要求她将一生中最美好的时光奉献给照顾儿童的主要工作。

《1925年未成年人监护法案》的通过并没有改变这个"可怕的法律虚构";但该法案确实做到的,并作为一项重要遗产而得以传承的,就是确立了一个至今仍作为英国和澳大利亚家庭法核心的原则。该法案宣告,在未来的法庭程序中,儿童的福利将成为"首要和最重要的考量"。这些话语是重要的,因此英国上议院在审理J诉C的案件时也必须加以考虑。法院不得不面对这样的问题,那就是,他们是否做出一个钟摆式的信号,那样的话,法律的重心也要从对亲权权威的保护转向对子女利益的促进。

卡洛斯父母的律师论及《1925年未成年人监护法案》没有在法律上做出这种重大的转变。他们的辩论意见是,法律的出发点依然继续建立在父母被授权为其子女监护人这一假定上。律师们主张的这种假定只有在父母明确不适格时才会被取代。在法律介入前,这种情况应该被排除在外。大家的共识是,在"卡洛斯案"中并没有例外的情况,故法庭上展示的证据并不足以剥夺其父母的权利。

英国上议院全体一致地驳回了律师以收养关系不能过度地限制法院的抗辩为基础的抗辩。如果一个法院在处理子女生父母和养父母间的监护权争议时不得不以偏向生父母的假定为起点,就会使法院受到约束。一个适用《1925年未成年人监护法案》的法院应该有权自由地决定选择以何种方式促进子女福利。作为一般规则,子女处于其生父母的监护之下有利于其利益,但这并不等于说,法院必须以谁被赋予监护权的假定为起点。用审理该案的一名法官的话

来说，

> 无论生父母是否无过失或其他，其权利和期望都必须在子女福利基础上加以确认和权衡，还要连同与该问题相关的所有其他因素一并加以考虑。

该法官还进一步称，没有法律规则赋予无过失父母的主张以优先性，他们的权利和期望仍应以"自然和社会"的立场来加以确认，因为后者可以"以特殊的方式"增进儿童福利，故其可以在很多案例中占据优势。

另一名法官承认，在其他考虑中，无过失父母的要求毫无疑问地可以首先立足，生父母有"要求其主张被考虑的强烈愿望"。而通常当父母是照顾其子女的适当人选时，子女和父母一起生活也是符合子女最大利益的。

因此，该问题并不只是简单地表现出子女利益和父母权利间的冲突，两者是相互交缠的，生父母可能了解什么对其子女最有利，考虑他们的要求在很多案件中都能够增进儿童福利。然而，要通过这一方式来辩论，就要回到游戏规则已经变化的现实中：问题不再是父母的权威是否被取代。更需要提出的问题是，根据儿童福利是"首要和最重要的考虑"这一原则所指明的方向，什么样的程序才是应该被遵循的。

J诉C案中的一名法官评论说,"最重要的"是一个"特别奇怪的用语"。即使该词语意味着至高无上,也不等于说儿童福利是唯一需要被考虑的因素。它是一系列条款中的首要条款,但还存在其他级别较低却仍然相关的因素。在这些因素中,生父母的请求也就获取了一个特别的位置,但生父母的各种权利不再因其自身而重要:它们已经成为一个更为广阔图景中的组成部分。

因此,从某种意义上说,英国上议院对于生父母的请求采取了两种思路来处理。一方面,承认生父母的要求在确认子女最大利益时一般而言是重要的;另一方面,法院也遵循至上原则的指引。这种做法体现了一个重要的变化,它为法院提供了一个新的起点——一个以子女利益为中心的视角已经得到确认。今天,这已经作为一个相当大的进步而得到广泛接受。但不应忽略的是,该裁决增加了司法能动主义的适用范围。"符合逻辑的结论是,就家庭领域的私法自治而言J诉C案已经取得了一次重大的突破。"

结果:卡洛斯身上发生了什么?

英国上议院确认法官将卡洛斯留给其养父母的裁判是恰当的。尽管可以承认生父母是"无过失的",因为从某种意义上看,他们并没有任何不适合照顾子女之处,但这个判决仍是公平的。生父母的请求已经被加以权衡,但同时这些请求还必须和确定该子女最大利益的其他相关因素一并加以考量。

对该案特别事实的审查推导出了一个结论,即卡洛斯留在养父母身边才符合其最大利益。考虑到已经存在的延迟,搬离使其感到幸福并得到很好安置的家会对卡洛斯造成极大的困扰。用主审法官的话说,

> 如果我认为在西班牙存在现实调整的可能性,那我会倾向于让卡洛斯回到那里,但……那里完全没有合理的前景。在我看来,于这个阶段让他回到西班牙是灾难性的,前景也颇为不妙,可能会毁了这个孩子的生活。我就是不忍心让他回去。

英国上议院接受了这个观点。有一名成员还对证据发表了自己的意见:这个孩子已经和养父母一起度过了生命中美好的时光,他基本不会说西班牙语,他已将自己的养父母当作亲生父母。他很幸福地融入了养亲家庭。如果违背他的意愿将其送回西班牙,只会导致"一种痛苦的不公正感和沮丧感"。

要吸取的教训

在 J 诉 C 案中,我们看到,法院将早期的判决纳入考量并试图确认,如何解释最新立法中关于优先考虑一个抚养权有争议孩子的最大利益的规定。仔细审查该立法中的简单用语——儿童福利应被视为"首要和最重要的考虑因素"会发现一个问题:法院适用该原则时是否可以自由地关注子女的各类需要而不顾其生父母的主张?尽管法案如此规定,但是否可能放弃一种长期持有的看法,即在亲子关系中存在一种"神圣性",法律也需要尊重这种关系?这些问题自 1969 年被英国上议院提出,与今天的法律发展也息息相关。法律是否将增进儿童福利作为指导原则?此判例所暗示的答案是,虽然法院未来需要接受一个以子女为中心的视角,但这也只代表法律对父母主张重视度的下降而并非全然不顾。

如 J 诉 C 案和其他 19 世纪的一些判例所确认的那样,这一结论的得出包括对一些抽象问题的讨论,如至上原则及亲子关系的自然性。很多法官都认为,法院对家庭这个私人世界的介入必须非常谨慎。这也部分反映了他们对于父母权利的尊重:我们已经遇到过一般而言"子女与其生父母在一起时是最好的"这种观点。关于对一个仁慈性干预政策的追求,司法的怀疑是表面上的,其中涉及的内容比保守主义更丰富。

　　用1948年一个案件中法官的话来说,法院介入家庭生活的权力"是被限制的,在我看来,是被明智地加以限制的"。考虑到早期法律对父母权威的遵从,他解释道,在介入之前,法院应该对此满意,"那就是,父亲的行为不仅使孩子受益且就孩子的安全或福利而言是必要的,而且在某些非常严肃和重要的情况下,应将父亲的权利视为失去或悬置"。

　　这意味着法院必须谨慎处理,如果法律不是以增进儿童福利的需求为理由介入就是不能接受的。1859年,一名法官声称,在处理家务纠纷时,他的法庭不会行使司法权:

> 在仅仅需要根据子女利益来判断其监护权应该由父亲还是母亲享有,或者是由其他亲属享有,抑或是陌生人享有时,只要总体上看是从是否有利于子女利益的角度来确定其监护权归属的,我都会否定所有此类司法管辖权。

在论及现在被称为"洪闸"论点的原则时,他继续抱怨说:

> 如果存在这种司法管辖,那我怀疑这个国家一半家庭的宁静都会被提出的诉请或将要提出的诉请所打破,或者如我所担心的,在一系列案件中已经显示出的那样被打破,

而这些诉请大都关乎基于子女的利益考量而应去除其父亲或母亲的监护。好在并没有这类司法管辖。

除非情况特殊，否则人们普遍认为应将未成年人留给其父母照顾。就像1893年的一个案件中所提到的那样，"表面上看，不会基于儿童福利的原因而将子女从其亲生父母手中夺走并将其交给并不具有自然关系的陌生人"。这样的观点一直被坚持。大约100年之后，英国上议院的一名成员评论说：

> 一名子女最好是由其亲生父母抚养成人。只要这个孩子的精神或者身体健康不存在危险，无论其父母是聪明还是愚蠢，是富有还是贫穷，受过教育还是文盲，都应由其父母来照顾。公共权力不能改变自然。

这样的评论意味着还存在一个务实的问题：为什么法院必须在子女处于险境时予以介入？早在1848年，一名法官就承认，在很多情况下，法院并没有"有用的介入手段"。在那之后，另有法官发现，通常一个法院"不用或不能介入，因为无法成功地介入，或者……基于这样做不会对幼童和一般的社会生活带来极大的伤害的确认而不能介入"。

这样的陈述引起了人们对法院角色的怀疑。社会应该对将法律作为在家庭的混乱世界中进行善意干预之手段的适当性持谨慎态度。19世纪法官们的谨慎表现在采用了今天被称为"不干涉"的政策。该政策经常胜过立法者的行善愿望。在促进子女利益保护中，法律角色的不确定性是当前有关儿童保护论争的核心。尽管存在种种疑虑，但是澳大利亚的法院，如笔者将在后文中描述的那样，必将适用至上原则。遵循良性的指示去促进儿童最大利益从来就不容易。

注　释

卡洛斯的故事

对英国上议院的提法需要加以说明。尽管如此称谓，但它其实是一个由获得终身贵族资格的高级律师组成的法庭。上议院司法委员会发挥着英国最高上诉法院的功能。卡洛斯案是被作为1970年J诉C案AC668来报告的。笔者在此处的讨论和本章其他地方对J诉C案和《1925年未成年人监护法案》的引用主要参考奎特雷（Cretney）《20世纪的家庭法：一段历史》（2003年）。

判决的背景

案例引自In re Agar-Ellis（1883）24Ch D317，In re O'Hara［1900］2 IR 232。关于"可怕的法律虚构"的抱怨可以在雷思本

(Rathbone)《被剥夺继承权的家族》(1924年)一书中找到,该书的作者是全国公民平等协会的原主席。

要吸取的教训

案例引自:In re Fynn［1848］2 De G & Sm 457;64 ER 205;In re Curtis(1859)28 LJ(NS)458;R v Gyngall［1893］2 QB 232;Re KD(A Minor)(Ward:Termination of Access)［1988］AC 806;In re Agar-Ellis(1883)24 Ch D 317。

2 未成年子女保护:法律

澳大利亚的至上原则

　　澳大利亚的法院和立法者很快就接受了至上原则。最早在1934年的《新南威尔士州法案》中就规定,在任何影响子女监护和抚养的程序中,子女福利都应该成为"首要和最重要的考虑"。澳大利亚最高法院称,这个概念已经长久性地成为我们法律的组成部分。

　　在英联邦议会将该原则吸收入《1975年家庭法案》时,它更是取得了突出的成就。尽管该法案并不直接与子女利益保护机制的讨论有关(它主要处理离婚和分居的问题),但理解其意义还是非常重要的。在法院审理与未成年子女有关的案件时,该法案在确定的法院反馈路径方面颇有影响力。该法案规定,在涉及子女监护的程序中,家庭法院应将该未成年子女的利益作为"最重要的考虑"。对该原则的上述规定也为澳大利亚各州和各领地将之吸收进各自的未成年子女保护性法律扫清了障碍。笔者将转向介绍这些地方性的立法。

未成年子女保护法案

今天,在澳大利亚各州和各领地的议会法案中,允许福利机构在有必要和有危险时就未成年子女的保护采取行动。这些行动包括对该家庭实行监督,在一些极端的个案中还包括将未成年子女从父母身边带走。这些不同的立法确认了各州在什么情况下介入家庭私人世界才是正当的。

起草法案的律师、通过这些法案的政客所扮演的角色和实际执行法律的法官是不同的,这些法官也就是前一章中所提及的所作裁决引发了讨论的法官。这些法官不得不在各种特殊的案件中制定规则,不得不将事实分类并就如何将法律适用于这些事实得出结论。在这样做的时候,他们不可避免地审视从前:他们必须考察这些未成年子女所处的环境,寻找那些法律上可以为案件提供指引的其他判例的报告。对19世纪和20世纪早期的法官来说,"法律"通常仅由广泛陈述的原则组成,法官们在适用这些原则时是相当谨慎的。

那些制定议会法案的人处于不同的位置,他们的观点往往具有前瞻性。未成年子女保护法案适用于所有在未来将被加以注意的儿童。这些立法反映出一种假定,那就是,在某些情况下法律会介入未成年子女的保护。因此也引发了一个问题:在什么情况下法律的介入可以被允许?政策制定者们正试图全面而准确地回答这个问题。

显而易见,他们必须将政策转换成文字,而且是那些含义不可能引起争议的文字。未成年子女保护法案的起草者们必须为法院和该领域的从业者提供明确的指引。立法者们则必须对法律介入的范围提供清晰且具操作性的定义。在任何一个案件中,使用这些定义的法院必须确定,一个特定子女的情况应属于该法规的语义范围之内,而对于该问题的答案通常是不确定的。

那么,澳大利亚的儿童福利立法是如何实现确定保护性介入范围这个目标的呢?在儿童保护的立法中,立法者不得不面对19世纪和20世纪初期的英国法官们曾纠结过的问题。他们逐渐认识到,仅凭良好的意愿来说明对家庭生活的强制性介入具有合法性并非不言而喻。生父母的主张不得不得到尊重:从历史上看,相关立法的起点是生父母才对其子女的抚养负责,而并非各州。如前所述,该理念植根于"自然法"。这也就反映了一种假定,即一般而言,未成年子女应跟随其父母(父母知道什么是最好的)。加之有怀疑论对法律所扮演的角色存在不同意见(记住自然法的宣告"父亲比法院更清楚什么对其子女更好"),鉴于州的干预可能对儿童造成的伤害,这也进一步加强了上述认知。综上所述,这些因素提出了一个挑战:法定公式必须允许在必要时介入家庭生活,但也只能在必要时才能做出允许。立法者不得不预想一个孩子需要法律保护的所有场景,同时又不能撒网太宽。

在早期的儿童保护法案中,这些复杂性被忽略了。早期问题儿童或流浪儿童引发的社会问题通过扩大儿童法院(警察法院的另一种称呼)权力来认定儿童"被忽视"或"不可控"的方式加以解决。废除这一方法花了很多年,此后,又花了很多年才让旨在保护(而不是控制)易受伤害儿童的程序得以浮现。

定义上的问题:当前的法律

当前澳大利亚各州和各领地立法对可能需要照顾和保护的子女(通常低于18岁)采取了不同的定义。要讨论所有的变化很困难,因此,笔者将讨论限制在部分范例之内。

在新南威尔士州立法(《1998年儿童和青年(照顾和保护)法案》)中,儿童法院在认为满足一个儿童"需要照顾和保护"的条件时可以颁发照顾令。该法的第71条规定了法院可以得出此类结论的具体情况,包括:

没有父母照顾该儿童;

父母承认他们在子女照顾上有重大困难;

该儿童曾经或可能遭受身体或性虐待；

该儿童的物质、精神和教育需要没有得到满足，或可能无法得到满足；

该儿童因为其生活的家庭环境而存在或可能存在严重的精神发育障碍，遭遇或可能遭遇严重的心理伤害。

根据维多利亚州《2005年儿童、青年和家庭法案》第162条的规定，如果存在下列情况，儿童属于"需要保护"：

该儿童被其父母所遗弃；

该儿童的父母已经死亡或者无行为能力；

该儿童已经遭受或可能遭受了因物理性创伤或者性虐待造成的严重伤害；

该儿童已经遭受或可能遭受了情感或心理的伤害，该儿童的情感或智力发育因此或可能因此而存在重大损害；

该儿童的身体发育或者健康已经遭受或可能遭受重大伤害，而其父母并未提供（或不可能提供）基础性的照顾或有效的医疗性或其他恢复性的照看。

这些术语化的界定揭示了什么？那些起草这些条文的人在思想上有何变化？这些规定为家庭法院提供了一套规则来敦促其适用客

观的标准。在早期的儿童保护立法中,"被忽视"一词的含义很广,被用来概括上述两个法案所描述的各种情况。乍一看,在一个儿童"被忽视"的情况下允许干预似乎没有争议,但对于某一个旁观者来说,在他看来像是疏忽育儿的行为将可能被另一个旁观者接受,并以之作为一个尽管混乱但依旧充满爱心的家庭的例子。

如今的立法已经消除了这些不确定性。从宽泛意义上说,这两部法案作出具体界定的目的,是保护儿童免受虐待或性虐待,满足其基本的物质或精神需求,以及避免发育障碍或精神创伤。两种提法都反映了要对州的权力加以限制的需求:并不仅是因为有任何的伤害(实际的或潜在的)就能够使介入合法化。这种伤害在法律允许介入家庭生活时必须达到"重大"或者"严重"的程度。设计这些限制是为了确定门槛式的要求,也是保护家庭不被不当地干预。

但是,这些词汇究竟意味着什么?什么是"伤害"或者"创伤",什么时候又能明确这种伤害足够"重大"或者"严重"以至于可以授权法院采取法律行动?立法者在选择这些词义时存在多大的异议空间?什么样的必要伤害需要被证明?为了证明这种伤害必须做到:一个儿童法院在其可能制裁福利部门对一个家庭的干预前必须获得证据。需记住的是,在法律眼中,家庭仍然是一个"小小的王国"。

就律师的意见而言,相关立法的遣词造句也有必要认真地遵循前面的法案。新南威尔士州的一个案件可以作为例证。在该案中,社会工作者已经确定一个孩子的母亲没有遵照与其子女照顾有关的医学建议,家庭和社区服务部临时对该子女负责。为该项举措列明理由的表格中称该子女有受到严重伤害的风险。当该项干预行动被起诉时,法官指出,根据相关法律之规定,必须存在"有严重伤害的危险","风险"与"危险"并不完全相同。法官发现,让其"困扰的"是一个关于将子女从其父母身边带走的重要举措,其依据却只是一张打印的表格,而且提供表格的社会工作者也没有尽力且准确地去完成它。对于那些为儿童保护立法而需承担日常工作任务的人而言,这有可能是一种不恰当的法律路径。但在我们的法律体制下,如果我们希望确保对家庭生活的干预仅仅只能在证明合法的情况下采取的话,相关法律必须被小心地适用。

至上原则的适用

笔者已经列明的那些概念界定只是一部分。当具体阐明它们的时候,不同的法案要求儿童法院适用一系列的原则。直到 19 世纪七八十年代,儿童福利立法才开始阐明其系统所应采纳的各类原则。

可以预见,在《1975 年家庭法案》的引导下,立法者将至上原则作为了起点。例如,新南威尔士州《1998 年儿童和青年(照顾和保护)法案》第 9 条第 1 款规定,在任何判决中关注一个儿童的"安全……是最重要的"。维多利亚州《2005 年儿童、青年和家庭法案》

第10条第1款规定"儿童的最大利益必须是最重要的"。

　　玩文字游戏是律师们生活的一部分。他们能迅速地发现对成文法规的语言进行解释时潜在的种种问题。这从新南威尔士州和维多利亚州儿童保护法案中均保留了"至高无上"这个词中就可以看出。这个词意味着"至高"和"首善",有可能导致澳大利亚的法院面对像J诉C案件中一样的问题。如前所述,法官在适用至上原则时遇到的问题是,注意力应仅仅集中在儿童福利这一个方面,还是需要考虑到其他的相关事实。

　　例如,澳大利亚的一个法院被询问到,当在一对有发展前途的中产阶级养父母和生活于普通环境中的生父母间进行选择时,怎么确定"至上原则"在审议中的指向性?假如立法者认为儿童福利是唯一的考量因素,他们可能也不得不这样主张。在这种情况下,法院应如何权衡生父母提出的请求。还有一条路径就是询问儿童福利是否被看作最重要的考虑因素(在多个相关考虑的因素中排第一位,但不是唯一的一个)。强制一个法院考虑其他的事项是不太切合实际的。新南威尔士州的一个法官就认为,"儿童福利是最重要的这一事实并不意味着所有的其他因素就没有关联性"。

　　前述的两个儿童保护的成文立法也体现出进一步的变化。在维多利亚州的法案中,一个法院会直接将儿童最大利益作为首要考量因素。看起来,用"最大利益"替换"福利"似乎不会导致出现问题。一种可能是,"最大利益"这个术语优先于"福利"被选用是因为其体现出更多的子女中心主义立场,且家长式的概念表达被淡化了。另一问题是在新南威尔士州的法案中所指称的"安全、福利和福祉"的至上。儿童福利的促进是一个既定目标,将"安全"纳入考量不会产生困难,但"幸福"也出现在列表上就有点令人吃惊了,因为如何将之与"福利"相区别不太清楚。一名新南威尔士州的法官就评论说:

24

> 幸福这个词的使用需非常小心,如果为了一个孩子的幸福而将之从贫穷的生父母身边带走并交给富裕的父母是会引发争议的。很明显,不能赋予"幸福"一词如此广泛的含义。

我们再次发现,将善意转换为法定语言,而且是律师们会仔细审查的语言时,会出现问题。

《联合国儿童权利公约》

该模式的另一条线索是《联合国儿童权利公约》。尽管该公约已经被澳大利亚所批准,但它并不构成国内法的组成部分。因此,它的影响力还并不确定,它可能被视为对立法者和法院处理子女和家庭问题的制度运行环境有所贡献。该公约不会像联邦、州和领地的规定那样控制法院,但也不能被忽略,它对相关法律仍有间接影响。它"在那里"且在疑问出现时可以被调用。它被认为具有"特别的重要性",是一个"几乎被所有国家所接受的人权文件",澳大利亚法院在作出影响儿童利益的判决时必须时刻牢记该公约的相关规定。

该公约第3条第1款规定,在所有涉及儿童的诉讼中,"儿童最大利益应该成为一个主要的考虑因素"。细心的读者会很快发现,该公约的用语并不比英国和澳大利亚的立法用语更有力。"最重要的"一词被"主要的"替代了,"主要的"考虑和"最重要的"相比,分量更轻一些。更重要的是,儿童最大利益是"一个主要的考虑因素"但不是唯一的。这一措辞就意味着该公约并不承认儿童的利益具有绝对的优先性。

这一表述还通过不同的方式被强化。该公约的前言中称:

> 作为社会的基础性组织,也是其成员特别是子女成长或获得幸福的自然环境,家庭应该被提供必要的保护和协助以使其可以在社会中充分地履行其职责。

该公约第3条第2款规定,缔约方有义务"确保儿童受到保护和照顾,这种保护和照顾是为了他或她的幸福所必需的,要考虑他或她的父母、法定监护人或其他对之有责任的人的权利义务"。这一点在第5条中也得到了强化,该条规定,缔约国有义务"尊重父母……或法定监护人的责任、权利和义务……以和该儿童不断发展的能力相一致的方式,在实践中就其公约中所确认的儿童权利提供指导"。另外,该公约第 7 条赋予子女尽可能地了解其父母并被父母照顾的权利。最后,该公约第 18 条第 1 款规定,"父母……或法定监护人对该儿童的抚养和成长具有主要的责任"。综上所述,这些条款对父母们的诉求都给予了明确的肯定。

作为社会基本群体单位的家庭

当前的儿童保护法案也承认父母的权威。一些法案承认家庭的特殊角色,并因此试图表达出 19 世纪法官们的本能感受,那就是,生父母最了解其子女且他们的权威需要得到尊重。这种尊重通过多种途径得到了实现。在新南威尔士州,当需要诉请保护一名子女时,根据《1998 年儿童和青年(照顾和保护)法案》第 9 条的规定,采取的措施必须是"对该子女或其父母的生活影响最小的侵入式干预,且应与保护该子女和促进其成长的首要考虑保持一致"。《2005 年儿童、青年和家庭法案》第 10 条规定,"有必要对作为社会基本群体单位的父母和子女给予最广泛的可能的保护和协助,也要确保对于该类关系的干预受限于保护子女的安全和幸福的需要",该条还提及"有必要强化、保护和提升子女和其父母、其他家庭成员以及另外对该子女很重要的人员间的积极联系",并规定"只有存在一名子女所不可接受的伤害危险时,才能将该子女带离其父母的照顾"。昆士兰州的法律规定,"子女的家庭对其抚养、保护和成长具有主要责任"。同样地,《南澳大利亚州法案》指示法院在确定一名子女的最大利益时,"考虑该子女留在其原生家庭的愿望"。

这些条款都是重要的。引述的这些内容在向决策者发出信号,即对一个特定的孩子来说,仅仅考虑什么是对他最好的是不够的。在这些法案下运作的儿童福利机构并未获得仁慈地解救儿童的授权。相反,他们面对的是某些反对干扰家庭生活的推定。现代的儿童保护法律明确地肯定父母的特殊地位。毫不夸张地说,这些法律代表了一种朴素哲学的重述,即法院必然会认为"一般而言,子女与其父母生活在一起最好"。即使英国法院的这一言论已经发表超过了100年,一名新南威尔士州最高法院的法官也必须经过批准才能引用它。同样地,在2012年一个案件中,一名法官评论说:"在澳大利亚这样的社会中,人们享有抚养自己子女的权利是非常正确的,应尽最大努力尊重这一权利。"其结果就是诉诸一种被总结为"不干涉"的政策。

但是,将保护儿童的法律看作控制最大利益原则和父母之诉求间冲突之手段的看法可能是错误的。这可能会把一名吸引儿童福利机构注意的子女看作机构和其父母进行的拔河比赛的目标。现实远比此复杂。那些支持在家庭中生活的人不是因为他们认为父母"拥有"其子女,而是因为他们认为,避免州对家庭生活的干预或使其最小化可能才是促进子女利益的一种途径。照此观点,承认父母的诉求才是促进至上原则最可靠的希望。这种态度也反映在西澳大利亚州《2004年儿童和社区服务法案》第9条的一项原则性规定中,该条规定"关于守护和增进儿童福祉首要方式的原则是,支持子女的父母、家庭和社区照料该子女"。

27 生父母的责任

一些儿童保护的法律采纳了《1975年家庭法案》的另一个重要特征。该法案试图借助"生父母责任"为亲子关系带来一丝光明。就"生父母责任"而言,该法(在第61B条)将之界定为,"在和其子女的关系上,父母依法所拥有的一切义务、权力、责任和权威"。这其实并没有太大的帮助。如果被问及什么是父母"依法"拥有的义务和权利,答案可以在第一章的此类讨论中被找到。在依靠普通法和相关成文法规赋予其内容的情况下,《1975年家庭法案》的概念界定已经被视为提供了"一丁点指引",有两个州和两个领地的儿童保护的成文法规中已经采纳了"生父母责任"的概念和联邦法案中对其的界定。

该法还反映了一点,那就是,现在已经没有讨论父母是否被平等地赋予了对其子女权利这一问题的空间了。该法第61C(1)条规定,任何父母对18岁以下的子女都有父母责任;在此,母亲和父亲的角色没有区别。

对法律角色的怀疑

笔者曾经提及,19世纪的法官们承认介入家庭生活需要谨慎。尽管这是尊重父母请求的一种产物,但还可以反映出更多的东西。有法官注意到,在很多情况下一个法院并没有"有效地进行干预的手段"。通常,一个法院"没有也不能介入,因为它不能成功地做到,或者……它不能确定其做法不会给幼小的子女或者一般的社会生活带来更大的伤害"。

这一洞见可以在澳大利亚的部分法律中找到回应。这也就意味着法院不能假定法律可以为家庭问题提供有效的解决办法。需要现实地看到,在确定对子女的保护和适当的养育方面,法院的能力是受限的,故在条文中要求儿童法院小心地做出照顾令的方式将会实现。在维多利亚州,儿童法院不得发出将子女带离其家的命令;除非已经考虑并排除了将该子女留给其父母的可能性,且为使孩子能够留在家里并感到满意,法院也已采取了一切合理措施。在澳大利亚首都领地,儿童法院仅仅在"确有必要"保护子女时才下达命令,且除了最佳利益测试外,还必须应用此标准。在领地和西澳大利亚州,对法院的约束还不仅如此。这两个地区的法律更加直接地规定,儿童法院只有在满足发出命令比完全不发命令对儿童更有利这个条件时才能发出命令。这类立法应该更能讨 19 世纪法官们的欢心。

尽管没有被普遍纳入澳大利亚的儿童保护法案,但这些条款进一步体现了"不干涉"政策。就像对护理程序的依据加以限制性界定的运动一样,这些条款的存在也反映了限制对家庭的私人世界进行干预是必要的这一观点。即使这些条款没有被列入在内,所有的州和领地也都承认,强制性措施应该是最后的手段;且即使干预被证明为合法,也应该采取与保护儿童义务相一致的最少干预措施。

另外,尽管笔者的分析集中在法院的程序,但不能被忽略的是,所有的儿童保护法规中都有为鼓励寻求家庭问题解决方案而设计的程序。儿童保护工作者们也经常被要求在合作的基础上尽力与父母和子女一起开展工作。有时,他们并没有很努力,有些时候他们在明确需要果断行动时仍固执己见。第四章将讨论在后一种情况下导致的问题。认识到通过仅关注法院的角色而提供一个关于儿童保护系统运转的错误场景是重要的,因为这一系统很多方面的成功并不需要考虑法院的行动,法院只是我们对困难家庭之需要作出回应的一个方面而已。

注 释

澳大利亚的至上原则

1934 年的立法是新南威尔士州《1934 年婴幼儿监护法案》,该法案把第17条插入了新南威尔士州《1899年婴幼儿监护和安置法案》中,该章指出儿童的福利是"首要且最重要的考虑"。澳大利亚最高法院承认至上原则在英国和澳大利亚的法律中是一项历史悠久的传统,其被包括在以下多个案例中:1992年卫生和社区服务部秘书诉JWB和SMB案175CLR218(马里恩的案件),1994年ZP诉PS案181CLR639,1999年北方领地诉GPAO案196CLR553,2011年州的人民服务部诉萨丁(Sanding)案VSC42。《1975年家庭法案》的前身是《1959年婚姻原因法》;1959年法第85(1)条规定,在关于婚姻中子女的照管、监护、福利、进步和教育的诉讼中,法院可以把儿童利益看作"最重要的考虑"。该说法稍加变化后就被用于《1975年家庭法案》,最初的版本是涵盖在第64(1)条之中的,当前的版本是在第60CA条和第67ZC条当中。新南威尔士州上诉法院的一个判决中(Spigelman CJ in Re Tracy [2011] NSWCA 43)已经承认了《1975年家庭法案》和新南威尔士州《1998年儿童和青年(照顾和保护)法案》第9(1)条的关联性。奇泽姆(Chisholm)《最重要的考虑:家庭法中的儿童利益》,载2002年《澳大利亚家庭法评论》第16期第87页,为结合《1975年家庭法案》的上下文探讨至上原则的适用方面提供了有益的争论意见。

定义上的问题:当前的法律

因临时干预一个孩子被带离而引发争议和工作人员的书面文件被批评的案件是 Re Cameron [2012] NSWSC 1453。

至上原则的适用

以一种或其他形式采纳了至上原则的儿童保护法律包括：新南威尔士州《1998年儿童和青年(照顾和保护)法案》第9(1)条、昆士兰州《1999年儿童、青年和家庭法案》第5A条、南澳大利亚州《1993年儿童保护法案》第4(3)条、塔斯马尼亚州《1997年儿童、青年和家庭法案》第8(2)(a)条、维多利亚州《2005年儿童、青年和家庭法案》第10(1)条、西澳大利亚州《2004年儿童和社区服务法案》第7条、澳大利亚首都领地《2008年儿童和青年法案》第8(1)条、北方领地《儿童照顾和保护法案》第10(1)条。Re Cameron[2012]NSWSC1453案声称至上原则不考虑其他相关因素，该判决还讨论了"幸福"一词的含义。关于术语向"最大利益"变化的猜测存在于 Re B and B: Family Law Reform Act 1995[1997]FamCA 33 中。

《联合国儿童权利公约》

社区服务部总干事曾解释过《联合国儿童权利公约》的角色和它的特别重要性。在1995年移民与民族事务国务大臣诉张阿欣案中，最高法院认为，批准产生"合理的期望"，即在考虑到公约所体现的原则的基础上作出决定。在第三章"伊丽莎白"案中，笔者展示了公约条款在儿童保护事件中的适用。在 Re Tracy[2011]NSWCA 43 案中，新南威尔士州上诉法院解释了这些条款的关联。

作为社会基本群体单位的家庭

参照的法律是：新南威尔士州《1998年儿童和青年(照顾和保

护)法案》第9(2)(c)条、昆士兰州《1999年儿童、青年和家庭法案》第5B(b)条、南澳大利亚州《1993年儿童保护法案》第4(4)(a)条、维多利亚州《2005年儿童、青年和家庭法案》第10(3)(a)(b)(g)条。采纳了"一般而言,子女与其父母生活在一起最好"这个观点的案例是1999年罗伯(Robb)诉社区服务部主任案NSWSC754。陈述生父母有权抚养其子女的案例是Re Cameron[2012]NSWSC1453。

生父母的责任

对英联邦《1975年家庭法案》第61B条的评论在Re B and B: Family Law Reform Act 1995[1997]FamCA 33中。采纳了"生父母责任"这个概念的法律包括:新南威尔士州《1998年儿童和青年(照顾和保护)法案》第3条、西澳大利亚州《2004年儿童和社区服务法案》第3条、澳大利亚首都领地《2008年儿童和青年法案》第15条、北方领地《儿童照顾和保护法案》第22条。

对法律角色的怀疑

参照的法律是:维多利亚州《2005年儿童、青年和家庭法案》第276(2)条、西澳大利亚州《2004年儿童和社区服务法案》第46条、澳大利亚首都领地《2008年儿童和青年法案》第464(1)(c)条和第350(1)(f)条。

3 儿童的保护:现行的法律

前文讨论了抽象的法律原则和法律中的用语。法律在个案中获得了生命。本章中,笔者将通过对一些例证的解释说明澳大利亚儿童保护法律适用中遭遇的种种困难。一个案件由一名母亲努力想将她的孩子从养父母处夺回而引发。另外两个案件则表明,法院在努力确定干预两个功能不良家庭的生活是否符合儿童的最大利益。在第四个案件中,法官不得不确认一名父亲应被尊重的权利究竟应延展到哪里。第五个案件反映出一个在儿童保护诉讼中的律师之观点与同案中的医疗保健专业人员间存在鸿沟。

伊丽莎白(Elizabeth)案

伊丽莎白案是由新南威尔士州法院在2006~2011年

审理的。

伊丽莎白是一对柬埔寨夫妇的女儿;当这对夫妇于2006年到达悉尼的时候,她才1岁。她的母亲因为被发现携带海洛因而在机场被逮捕,后被确认有罪并判处入狱。儿童法院将对该女孩直到18岁前的父母责任转移给了家庭和社区服务部门,而后她就被寄养了。她的母亲在服刑期间与小女孩断断续续地联系(在被保释前这个母亲服刑了1年8个月)。

该母亲诉请儿童法院推翻此前的判决从而让她在被释放后可以恢复对自己女儿的养育责任。当她的诉请被驳回后,这个母亲继续上诉,她辩称儿童法院错误地决定使其没有恢复照顾伊丽莎白的现实可能性,且这个判决根本就没有权衡过母女之间的爱和各类文化的因素。

这名母亲将面临被遣返的境况,如果伊丽莎白判归其母亲,那么母女两人都将回到柬埔寨(孩子的父亲不再被提及,因为他已经回到柬埔寨并在一次车祸中丧生)。

该案中,对于法律的出发点并没有争议,依照新南威尔士州《1998年儿童和青年(照顾和保护)法案》,伊丽莎白的安全、幸福和健康是"最重要的"。审理上诉的法院认为,该法案还体现了另一个原则——实现保持家庭圆满的承诺(或如本案情况一样,让父母子女团聚)。这两个原则的潜在冲突成为本案的核心。法官拒绝接受法律要求其预先倾向于家庭团聚的观点,认定仅在所有的利益性考量都均衡的情况下,他才愿意让伊丽莎白回到母亲身边。

该法官对案件事实的分析不仅显示出儿童法院是怎样完成适用至上原则的任务的,还反映出法律的实际运转情况。正如该法官所指明的那样,他并不是在主持母亲和养母之间的比赛,他需要做得比判断伊丽莎白与生母还是养母在一起生活"会更好"还要更多。在审理和考察证据之后,他必须作出判决,故他不得不面对这个问题——什么样的判决结果可以保障伊丽莎白的安全、幸福和健康?

为了回答这个问题,必须检视那些不同的考量因素。其中的一些因素可以像日常事务一般来描述。这个母亲从事清洁工作,她计划回柬埔寨后开一家咖啡店。该法官推断,如果让伊丽莎白与其母亲(法官描述其为一个勤劳且机智的工作者)重聚,那么该母亲能够充分地负担孩子的生活。法官认为没有理由担心母亲的总体养育能力,他还断定伊丽莎白对其在柬埔寨的生活将会很满意。但是,上学是一个问题。伊丽莎白在澳大利亚的学校里很快乐且表现很好。如果她回到柬埔寨,进入英语学校对她而言是可取的,但按照她母亲的提议要实现这一点却很不现实。法官指出此事引起他"真正的关注"。这里还存在一个医疗保健方面的问题,在伊丽莎白到达悉尼的2年后,她做了一场重大的心脏外科手术,需要定期复查。在听取了关于孩子回到柬埔寨后可以接受的医疗保健标准的证据后,该法官反对那种认为是否澳大利亚的标准更高的观点,他满意地认为,孩子在医疗方面的需求可以在柬埔寨得到"充分满足"。

这些事件都是单独地被加以考量的,该法官认为,"这个孩子在澳大利亚可能比在柬埔寨获得更优厚的总体生活条件"的观点是不恰当的,"根本就不应该存在这种对比"。

问题是,强化伊丽莎白与其生母和养母间联系的因素是不一样的。在小女孩看来,她有两个"母亲"——"养母"和"我的母亲"。她被照管的时间长短是一个重点,从她13个月开始,她就和养母一起生活,现在她已经6岁了。在其生母入狱后,母女之间就存在一种被儿童心理学家称为"衰减的爱"。尽管这种爱在出狱后得以微弱地强化,但儿童心理学家毫不怀疑,养母已经成为伊丽莎白"主要的依恋"。伊丽莎白也明确地表现出和养母一起生活非常幸福。

这名心理学家曾被问到,将伊丽莎白带离其养母可能会对其造成什么样的伤害。他区别了中短期影响和长期影响。他不能预测未来的长期影响,但他相信,从短期效应来看,与养母的分离将产生"不良反应","最可能的后果是……可怕的震惊"。在区分时,这名证人说明了一个不可避免的问题:法院将对一个6岁女孩的"幸福"作出决定,但该决定应在多大程度上基于近期对她的最佳选择以及她成年后的最佳选择?

一个必须记住的基于其生母立场的论点是,作出判决的法官没有或者很少权衡各类文化的因素,这可能是唯一与长期效应有关的事件。该法官参考了能够证明像伊丽莎白这样的孩子和其文化保持联系(术语称为"种族认同")具有重要性的证据。该证据表明,如果被安置在有相应文化背景的家庭中,对她会更好。在当前的环境中,她与养母一起生活很满足且也得到了很好的照顾,然而,这样的环境不可能让她与柬埔寨的社会保持真实联系,也有将她与其故土文化相隔离的风险。

心理学家也论及了该主题,他认为基于对伊丽莎白最大利益的考虑,在一个中等长的时期内应将之留在养母家中。在养母的照料下,她才可以有更多的机会去获得"幸福、健康、医疗条件和受教育的机会"。他毫不怀疑这个女孩处于一个受照顾、有爱心且稳定的家庭单元中,但是随着孩子的成长,这些利益可能会逐渐被"侵蚀"。伊丽莎白在青春期可能会开始叛逆,并认为她从父母身边被"偷"走了。

法官是怎样处理诉请的呢?他并没有将经济支持、住房和就读看作决定性因素,使其作出不归还伊丽莎白给她母亲决定的原因是让伊丽莎白离开养母可能遭受的伤害。该法官解释说:

> 几乎全部的生命,伊丽莎白都是和她的养母一起度过的,现在养母也的确是她的主要依恋。根据心理学家的意见,她可能对自己在柬埔寨的生活已经没有了印象。她现在已经6岁了,在学校里表现很好且有很多朋友,她的情感也很幸福和稳定……我接受心理学家的观点,即如果她被

带离现在的环境,即使有一个充分的过渡期,在一个相当长的时期内她也会非常震惊和沮丧,而且毫无疑问地会遭受心理创伤,这种创伤可能会恢复但也可能不会。

该法官还说:"我完全可以意识到伊丽莎白与生父母和其文化纽带相疏离所带来的损失……我意识到我的判决可能会在伊丽莎白的青少年期间给她带来严重的心理问题。"

该判决的认知基础之一是不可能预测一个孩子的长期未来发展,没有一个证人,即使是专家,可以就伊丽莎白在青春期和成年时期会受到怎样的影响提供确定的意见。相反,在法院面前,有明确的证据证明伊丽莎白在中期可能遭受的伤害,该法官被这个证据说服了。

该法官履行将伊丽莎白的安全、幸福和健康看作"最重要的"这一义务非常关键,该义务最终决定了案件结果,尽管该法官也知道,根据《新南威尔士州法案》第9(2)(b)条的规定,所有影响一名子女的因素都应加以考量,该案中就包括伊丽莎白的文化和语言。《联合国儿童权利公约》的重要性在此也得以体现。相关条款被审视得越仔细,在此案中所引发的问题也就显得越困难。首先,《联合国儿童权利公约》第7.1条赋权给伊丽莎白,让其尽可能地"去了解父母并被父母照顾"。这也是该法官所称的重视与生父母的关系。其次,《联合国儿童权利公约》的第8.1条规定适用于该公约的缔约方"承担尊重儿童维护其身份,包括国籍的权利"。最后,《联合国儿童权利公约》第29.1(c)条还声明,除其他事项外,儿童教育还应着眼于对儿童父母的尊重、本人的文化认同、语言和价值观等方面的发展。虽然这不是法官必须适用的法律体系的一部分,但法官在作出判决时也必须考虑这些条款中的每一项内容。总体来说,这些内容都提出了一个疑问:如何权衡伊丽莎白的柬埔寨文化认同?

这个案件不仅反映了儿童保护法律适用中出现的一些问题,还特别反映出促进儿童福利的指示很难被适用的情况。把至上原则看作一个不言而喻的真理很容易,但该法官所提供的分析表明,决策过程远非如此容易。我们所说的"幸福"和"健康"是什么意思?这种"幸福"和"健康"是基于短期基础还是基于长期基础来加以评价的?在这样的案件中,如何权衡才能实现父母子女在一起的目标?对于母亲的主张——伊丽莎白是"她"的孩子,我们应该给予多大的同情?种族认同和文化联系究竟有多重要?

在结束对该案的讨论之前,有趣的是,此案与对40年前J诉C案中所遭遇问题的回应方式相比,语言有变化,但两案所处的困境却是一样的。很难相信作出J诉C案判决的五名英国上议院成员没有受到这种无意识假设的影响,那就是,卡洛斯在英国被一名律师和其妻子抚养长大比他在马德里的砖瓦匠家庭中成长得更好。在英国的社会背景下,阶级的幽灵笼罩着法庭。在第一章中,笔者引用了一个

在1900年判决的爱尔兰的案件:

> 当一对父母在生活中无过失,并且他们能够也愿意提供其子女物质和道德方面的必需品时,子女出生时所处的阶层和地位也就是其父母所处的阶层和地位,在我看来,法院在法律上有义务按照平等的自然法和社会规则行事,并坚持认为"对一名子女最好的场所就是和父母在一起。

这揭示了人们对阶级差异的认识,并表明法院的正确做法是不允许孩子在生活中陷入困境,而不是获得中产阶级法官可能珍视的机会。

澳大利亚并不习惯讨论阶层差异。在伊丽莎白案的判决中也看不出明显的对阶层的考虑,案件中并没有提及她母亲的"阶层和地位"。如我们所见,该法官在案件审理中直截了当地拒绝承认一名子女在澳大利亚可能比在柬埔寨得到更多好处的假设。另外,新南威尔士州的法院也遇到了与J诉C案相同的问题,但也存在一个不同之处。在上述爱尔兰案件中提及的父母"无过失的生活",在J诉C案中法官也认为卡洛斯的父母是"无过失的"。事实上,不能这样来描述伊丽莎白的母亲,她已经被确认不法地运入海洛因但却没有因此影响结果。她被描述为被一个"错误的判决"认定为有罪,此后她的生活有了重大的起色。此案的判决并非基于为伊丽莎白保留体面的养父母比将其送还给"坏的"母亲更好的这个依据。该法官并没有让自己被这种对比带偏,他的目标是确定什么最符合伊丽莎白的最大利益。

一个困难的家庭

该案反映出儿童法院面对的一个难题,当它必须决定什么对那些离开挣扎的父母的孩子最好时,尊重父母要求的义务就显得格外突出,该案也反映出福利机构在运行中存在的种种不足以及这些服务机构必须试图处理的社会问题的棘手之处。

此案中的父母是为了他们的四个子女而尽其所能的一对夫妇。在法院采取行动前,公共服务部已经为这个家庭工作多年。在情况恶化前,儿童法院已经对三个年龄大一点的孩子(一个男孩 MD,两个女孩 AD 和 ND)下发了监护令,为孩子们安排了寄养,首先是和他们的祖父母一起。

引发干预升级的事件是父母和孩子们离家出走,他们在一家汽车旅馆中被发现。相关部门最关注的是,该父母未能将住房部提供的房屋保持干净、卫生、整洁的状态。有证据显示,这个家破旧、肮脏、"气味难闻",还有渗出的污渍,只有很少的家具。另外,该父母很难监督和控制年龄较大的子女。特别是MD(当时4岁),他已经离家出走2次并在车流密集的马路上被发现。他在第二次离家的时候还带着他的妹妹AD(那时才2岁),其父母甚至没有注意到他已经不在家里了。因为这样的家庭环境,子女们被带离其父母。法院判定,如果继续居住在那样的家里,孩子们存在遭受严重伤害的风险。

尽管有语言问题,但AD和ND快速地调整了状态。MD被诊断(可能不准确)为有一定的智力残障(IQ低于50)。很明显,MD受智力发展迟缓的影响,社会技能很差而且行动困难,讲的话也很难被人理解。在学校里,他被安排给了一名教学助理。

当第四个孩子在这个家庭出生后,公共服务部立即采取了对她的保护行动,在医院里她就被"拘押"起来。和她的兄弟姐妹们一样,她被认为可能会在这样的家庭住所中遭受伤害,所以临时交由一个叔叔和其妻子来照顾。

儿童法院在复查了该家庭的情况之后考虑作出一个判决,此时MD 6岁、AD 4岁、ND 2岁、SD 4个月。但该法院面临一些问题,首先,是否(按公共服务部的主张)延长对MD、AD和ND的监护令以使孩子们继续保持被寄养的状态。关于这个婴儿,还不得不确定是否安排对她的寄养。潜在的问题还在于是否需要为这个家庭的团圆重聚作出一个长期的计划。

该案中的父母反对延长对四名子女的寄养时间，他们诉求撤销此前的命令以使子女能够回到他们身边。解决由此案引起的问题是困难的。判决书写了107页，20名证人被传召，听证会持续了13天。

问题的核心在于维多利亚州《2005年儿童、青年和家庭法案》第10条中规定的多项原则间的张力。当然，起点是"儿童最大利益是最重要的"这个指示。另外，法官注意到其"对作为社会基本群体单元的父母和子女给予最大可能的保护和协助"和"确保对这种关系的介入受限于保障子女的安全和幸福之必要"的义务，且还受限于需考虑"强化、保护和促进子女及其父母间的积极关系"和确保"一名子女仅仅在存在对其不可接受的危险时才能被带离其父母"。在一名子女被带离父母的情况下，法条要求法庭为这个家庭制订团聚计划。对儿童最大利益的促进就这样与保护家庭的义务紧密联系起来：如果没有对子女明显的危险，该子女被认为和其父母在一起会更好。

那么，如何在此案中解释这些存在冲突性的条款呢？要回答这个问题，有必要先看看法院对临时带走婴儿SD时使用的审查证据的方式。这名母亲没有接受产前护理，这对夫妇还试图对公共服务部隐瞒怀孕的事实。该名母亲很苦闷的情况也被注意到了。该证据也是关于家庭条件和其他3个孩子成长状况的证据的补充。

法院不得不确定SD是否"可能"遭受重要的身体伤害、情感和心理伤害或对她的身体发育和健康的重大损害(相关法律规定在第2章已有讨论)。法官必须准确确定该法案的含义:法官介入家庭生活的权力被议会选取的词汇所限制。他采纳了一名英国法官对"可能"一词的解释。这名英国法官说,这个词并不意味着更有可能,而是意味着"一个关于伤害的现实可能性,一个不能被合理忽略的可能性",需要的是证据而不是猜测。在这种情况下,一个法院必须基于被证明的事实(通过一群证人和对他们的交叉盘问)来行动。据此,该法官采纳了关于父母行为的证据,以及这个家庭存在法院不介入就会让 SD 遭受重要未来伤害的"现实可能性"的证据。

这只是该过程中的第一步。在确定就 SD 作出何种令状时,该法官必须遵循这个指令,根据保护 SD 的需要而有限介入并仅在 SD 面对不可接受的危险时才确认将其带离父母。同样地,该法官必须在确定是否在比较近的未来实现这个家庭重聚时严格遵循这些指令。对于另外 3 名子女,还不得不在其父母和非父母之间作出选择。

尽管法官已经认识到该父母有很多失败之处,但这并不意味着他们就自动被视为不适合和不能够保护其子女不受伤害。对此,该法官借助了一个有趣的词——"足够好"地育儿。在一个证人看来,在许多情况下,心理学家会同意这样的观点:目标应该是接受父母的教育,哪怕不是最高标准的教育也已足够了。"儿童在一个不是那么理想化的环境中确实也能生存。"该法官就这一分析产生了共鸣,他的结论非常清晰,"该父母至少有能力将其部分子女照顾得'足够好'"。尽管有一个证人认为该父母的照顾"不够充分",另有一名证人指出该父母"能力有限",但法官还是得出了上述结论。

那么,SD的判定结果如何呢?法官认为她确实有受到伤害的风险,这个风险可以使其远离其父母吗?按照该法官的观点,还不可以。该法官于是将SD送还给其生父母,但也为她下发了一个监督令,通过这种方式将干预限定在保护该女孩的范围之内。该法官不能断言存在不可接受的伤害风险需要将SD带离其父母,他还遵守了促进亲子关系的指令,认定SD和父母的团聚是合乎意愿的。

这一解释反映了该法官形成其结论的过程,他并没有依赖孩子和父母在一起"会更好"的直觉,而是权衡《2005年儿童、青年和家庭法案》第10条所规定的每一种指令(有时候它们还是冲突的)。正如他评价的那样,该条所设定的一些原则很难调和。

为给予SD其所需要的种种保障,法官在监督令中确定了一些条件。尽管SD已经被归还其父母,但这对夫妇必须承担一系列义务。这些义务包括接受公共服务部的访问和协助,参加咨询和家庭治疗,带孩子到儿科医生处做评估并带她去健康中心接受常规的检查。最重要的是还包括了下面这项义务,即"父母确保其居所处于清洁和整洁的状态"。这就回应了对家庭生活最初干预的主要触发因素。诉讼中的证据显示,住房部正在对房屋进行装修和升级,所以这个孩子不会被送回过去那个破败的家了。其父母也被告知他们必须提供标准适当的照管。

此案中那个父亲先前的行为曾引致批评,他曾对住房部提供支持的努力表示出敌意。他曾讽刺地说:"有两三万人到我家来并提出了不同的解释。"他还很粗暴地对待一名社会工作者并辱骂她,当着这位工作人员的面说她"年轻、愚蠢和无能"。还有位证人说他辱骂工作人员是"疯狂、淫荡和笨拙的金发女郎"。为避免今后出现类似情况,法官又增加了另一个条件——"该父亲不得对住房部工作人员使用侮辱性语言"。很难不让人怀疑该指令或许代表了希望战胜了经验。一名证人就表达了这样的观点,这对父母对公共服务部"很不喜欢"并经常对福利机构的协助表示不愿意。

另外 3 个孩子的情况如何呢?公共服务部延长寄养期限的请求结果如何?对尊重家庭团聚义务的讨论使该问题找到了答案。在该法官受限于促进儿童最大利益的目标约束时,他不得不面对的问题是,这些利益并不一致。他问:"如果这些利益是不一致的,我怎么去判定 4 个孩子的最大利益呢?"

他特别受困于 MD 的情况。就我们已经看到的,因为他的智力障碍、社会技能差和行为障碍(像一位证人评论的那样,他是一个受护理程度高的孩子,需要持续性的关注),MD 还有特殊的需要。如果让他回归到可能无法照顾超过 3 名子女的父母身边,可能会增加家庭的负担。相反,因为他的特别需求而要求其迅速与父母团聚的观点是需要讨论的。他和父亲有着亲密的关系,如果他的妹妹们比他还早些回归家庭则会令他困扰。

该法官解释了他的困境:"MD 的最大利益对我作出判定非常重要,但这又和其他 3 名子女各自的最大利益并不相符。对于有不同情况的多名子女适用'最大利益原则',我不得不采取让多数子女利益最大化的行动,哪怕这意味着少数子女的利益会受到影响。"这也是适用看似毫无争议的最大利益规则存在困难的另一个例证。4 名子女不能被视为"批发的货物"来对待。

如何确定孩子们的最大利益呢?按照该法官的观点,这个困境在当前无法突破。他认为,如果以一种无计划的、非结构性的方式使这 3 名子女中的一个迅速归于父母的照管,那么 3 个年龄较大的孩子中的任何一个,都存在不能接受的受到伤害的风险。因此,他决定为了 MD、AD 和 ND 的最大利益让他们再接受 12 个月的寄养。对保护他们、促进其成长及维持持续而稳定的照顾方面的需求超过了持续分离带来的影响和保护并强化家庭的义务。同时,该法官还判定,需要制订两名女孩(ND 和 AD)的重聚计划,但对于 MD 长远未来的安排则需要在其他子女的团聚计划尝试并评估之后进行。

法官发现其所处的困境部分是由他所称的公共服务部的"冷漠处置"所致。在监护令颁发后,公共服务部没有组织一个案件策划会议,这是违反法案规定的,"然后,既群龙无首又没有任何正式计划,该案被移交给了未知的工作人员,该工作人员没有提供书面报告,也没有被要求在本次听证中提供证据"。后来,一份"完全没有帮助"的报告被写了出来,但法官被告知撰写报告的人员不能出庭作证。

最后,公共服务部认识到监护令已经执行完毕,案件策划会议没有举行,也没有关于家庭重聚方面的进展。后来举行了一个会议,由于不清楚的原因,孩子们在其祖母的照顾下被带走,并被安排与陌生人在一起生活。这个阶段的寄养持续了2个月,然后这些孩子又被寄养在其外祖母处。这种从一个地方到另一个地方的安排被法院看作一种"创伤"。在这个阶段,公共服务部是否有一个整体性的计划?如果有的话,内容如何?这些都不是法院能够去确定的。

另外,在这个阶段,没有工作人员被安排跟进这个案件,母亲也没有被探视。该法官还确定了另一个问题,即"当公共服务部终于安排了一名负责保护这些孩子的工作人员时,在此关键时刻,是否安排了一个经验丰富的适合处理该复杂案件的工作人员呢"这个问题的答案是"没有"。2008年1月,此案被安排给了一名工作人员,该人员在2007年年底才取得社区大学文凭,这是她处理的第一个案件。公共服务部的案件策划(特别是是否以该家庭的团聚为目标)仍是不清楚的。

法官评论说:"我对该部门在本案中的决策能力毫不信任。"难怪他觉得有必要保留监护令。但终结监护令并将3名较大子女归还其父母的基础工作尚未开展,后续重聚(如果存在的话)的顺序问题也还没有得到适当解决。

切断家庭联系

另一个案件也是由维多利亚州判决的案件,该案件进一步说明相关法律对保护家庭单元的强调。

该案是关于3名分别为7岁、5岁和4岁孩子的照管案件。他们的父母已经处于分居状态,但没有离婚。公共服务部已经为这个家庭工作多年。

该案中的母亲很有侵略性,还像一个孩子似的不受控制。她经常离家出走,并被认为只有"临界智商"。她在未成年时期曾受公共服务部的照管,成年后被诊断出一些精神问题,包括抑郁、边缘人格障碍和精神病。

该母亲还存在试图自杀的行为。她使用了酒精、鸦片、海洛因、LSD和摇头丸等,并多次过量服用。她有较多的犯罪记录,行为举止不稳定并殴打其子女。她还殴打福利工作者和避难人员。当3名子女处在公共服务部的照顾之下并被安排了寄养之后,这个母亲还经常不去探望。

该案中的父亲遭受过严重的车祸,也是一系列伤害行为的受害者,他的神经系统受损。他有30年的酗酒史,同

3 儿童的保护:现行的法律 **059**

时吸食海洛因上瘾,也服用其他的非法药物。尽管曾接受过戒除药物和酒精的咨询,但他经常不参加尿检或者尿检呈阳性。他也有较多的犯罪记录,还患有抑郁症并尝试自杀。他分析和解决问题的能力低于常人,所受的教育也很有限。在最近的一次诉讼前,他曾多年领取伤残抚恤金。

在公共服务部决定不在该父母仍保有部分照顾子女义务的情况下继续现有的护理安排时,引发了诉讼。

法官回顾了这对父母令人遗憾的历史。除其他事项外,法官还列出了下列事实:该母亲曾伤害过子女,父母双方都不能给子女提供恰当的照顾,父母双方滥用药物行为在孩子面前曝光,该父母继续服用非法药物的可能性依旧存在,母亲的智力障碍、精神疾病和父亲的神经心理缺陷。此外,一个额外的考虑是,在诉讼之前,这3名孩子已有将近4年的时间不在父母的照顾之下了。按照公共服务部的意见,孩子们已经对其养父母形成了"安全和健康的依恋"。有两个孩子明确表示,他们不想再被送回到任何一个生父母的身边。

法官因此接受了公共服务部的意见,基于对孩子们安全和健康的担忧,应防止将任何一名子女送还其父母。最重要的是,尽可能地为所有的孩子确定永久性的照管。

该裁决并不必然包括终止父母对孩子们生活的所有参与。法官并未判定该父母均无能力作出监护人所需作的决定。特别是,尽管失败了,但该父亲曾努力在子女抚养方面遵守公共服务部的建议。该法官想要对关于该父亲未来介入其子女生活程度的裁定保持开放性。他注意到维多利亚州《2005年儿童、青年和家庭法案》的指令中关于"父母及其子女作为一个社会基本群体性单元"的保护和强化与保护子女和其父母间的积极关系的需求。因此,他并不将本案看作一目了然似的简单案件,尽管该父母的表现很不令人满意,但法官仍不愿切断该父母和子女间所有的联系。在查阅了证据之后,他对"该父母已经持续地展示出一种让子女回归其照顾的真诚的意愿"感到满意。但是,这并不足以让法院考虑这个家庭的团聚。因此,在法院作出"一个永久性的护理令"之前,该法官的判决为此案存在回旋余地铺设了一条道路。根据这一判决,子女们的照管和监护被授权给特别批准的"排除所有其他人"照顾者,该判决在该子女们年满18岁前持续有效。

即使是如此激进的判决也不必然排除生父母。维多利亚州《2005年儿童、青年和家庭法案》允许此类判决将子女的监护权共同归属于指定的照顾者和子女的生父母。该法官认识到了这种可能性。他关于维持家庭单元重要性的评论提醒我们,即使在面对父母严重的不足时,父母的请求也不得合法地被忽略。该法官可能已经想到设定一个由孩子们的父亲而不包括其母亲的,与孩子们永久的照顾者分享一些监护权的永久性护理令。无论他对这个困难家庭的设想是什么,他都不能忽略一个事实,那就是,法律需要尽一切努力保护这对父母和3名子女间残存的亲子关系。在法案中，承认父母参与的意愿是得到了明确强调的。任何永久性的护理令都必须包含法院基于符合儿童最大利益的亲子间接触所考虑的种种条件。

安德鲁（Andrew）案

新南威尔士州的一个案件阐释了生父母角色的另一个方面。这里的问题是，一名暴力虐待子女的父亲是否有权参加与其儿子安德鲁有关的法院诉讼。

该父亲有冗长的警方记录。他曾因殴打他人、恶意伤害和抢劫而入罪，还有贩毒的嫌疑。为了试图保护孩子的母亲，这名父亲还被确定为暴力拘押令的对象，但他没有遵守暴力拘押令的规定并和孩子的母亲发生了争执，据称该母亲已经有"精神健康和药物滥用方面的问题"。

并不奇怪的是，社区服务部对安德鲁的情况很感兴趣并向法院提请护理令。法官相信该父亲不大可能真正对儿子的福祉感兴趣。该法官还发现，如果允许这名父亲参与诉讼并允许他与安德鲁的母亲接触的话，会威胁到安德鲁母亲的安全，甚至也可能威胁到安德鲁的安全。"这里存在一个风险,那就是该父亲利用出庭的机会对安德鲁的母亲犯下暴力罪行。"

另外,法官认为他并没有法定的权力去阻止通知该父亲出庭(表述为他缺乏权力去否认该父亲"作为一方当事人而参与"的权利)。新南威尔士州高级法院和上诉法院对该决定的适当性进行了复审。

问题在于程序公平的重要原则,任何一个法院如果在会影响某人权利的诉讼中不通知该人、不给其机会参与的话,一般情况下都会被认为是不公正的。在一个可能导致一名子女脱离其父母照管的诉讼中,这一原则就更加重要。无可争辩的是,一名父亲在关于其子女利益的诉讼中具有合法权益。澳大利亚高等法院的一名法官在 J 诉利施克(Lieschke)案中就澄清了该点:

> 一个基本的法律原则如果允许一个法院将一名子女带离其父母而不进行听证程序,而该父母如果参与听证会对作出这种判决表示反对的话,这将冒犯最深的人类情感。

在这里,该法官的观点反映出对父母有权控制并照管其子女的承认。在没有确认父母得到参与法律程序机会的情况下,法律不能干涉他们的权威。因为,父母有一项"自然的……权利来履行父母职责并行使父母权利"。但这并不是故事的全部。澳大利亚联邦最高法院采取了一种复杂的方法来理解亲子关系。一名法官提到"父母子女都有享有完整家庭生活的权利"。另一名法官作了如下解释：

> 关于对其子女的培育、控制和保护，关于子女在被培育、控制和保护中的权利和利益，其父母的义务和权利是一种自然的互惠。这意味着，在一个会导致易于影响亲子关系的权利得以行使的诉讼中，父母和子女都享有利益。

"互惠"在此是一个关键词，承认父母的请求通常也就把握住了促进子女最大利益的机会。子女可以期待法律尊重一种观念，那就是让子女的父母履行义务将使子女获益。这也是表达"对子女最好的地方就是和其父母在一起"这一日常智慧的精巧方式。

除考虑宽泛的原则外，审理此案的法官还不得不承认新南威尔士州《1998年儿童和青年（照顾和保护）法案》已经假定，一般而言，父母应该参与到关于其子女的相关诉讼中。该法案也明确规定，父母在案件审理中应该被通知并有权参与诉讼和发表意见。当该立法在新南威尔士州议会上被审核时，总检察长强调了出现问题时父母参与的重要性。该法案的目标是为父母照顾其子女提供协助并强化其能力。根据法律之规定，福利部门的作用就是与父母们协作，鼓励父母们为其子女的福祉而持续地履行义务。

所有的这些都增加了对这一观点的强调性重述,那就是,有关儿童保护的法律应建立在对家庭单元尊重的基础上。如此,安德鲁的父亲就有了充足的理由,他可以声称安德鲁是他的儿子,不应该将他排除在诉讼程序之外。

最能反映上述主张的是适用至上原则。该法案第9(1)条规定,任何关于子女的判决,"儿童的安全、幸福和健康……是最重要的"。法律上的问题是,这一指令能否超过对程序公平和父母权利的考虑。可以确定,在一些情况中,上述考虑因素需让位于确保儿童利益的至高无上这一目标。因此,在该案中,法官们裁定儿童法院的法官可以否认该父亲参与诉讼的权利。在仔细检视该案目的时,很明显,"父母的利益应服从于关乎儿童安全、幸福和健康的利益"。法院所强调的各种想要阻挠立法首要目标的规则是不被允许的。儿童法院的职责是行使其为了儿童利益而取得的"特殊的"权力。这一结论是合格的:只有在例外的情况下才能否认父母参与青少年诉讼的权利。检测标准是父母的参与是否会"不可接受地对儿童的安全、幸福和健康产生威胁"。

高级法院和上诉法院的判决中没有透露此案的最终结果。这些法院的角色是对法律加以分析,他们的结论是该法官错误地确定其受限于允许该父亲参与听证的原则。因此,案件又被发回儿童法院,由法官重新考虑其判决。很明显,儿童法院有义务确保安德鲁的幸福和健康是否被作为最重要的考量因素。

世界的不同看法

对于律师来说,他们可以自信地解释青少年诉讼的性质和目的。事实不仅必须被加以确定,还要明确回答以下问题:证明这些事实是否有理由干预家庭生活。但是,有时候,律师关于这个世界的看法与和子女及其家庭成员一起工作之人的看法存在分歧。1996年澳大利亚首都领地的一起案件的判决可以说明这种分歧。

两名儿童,一名6岁的女孩和一名4岁的男孩引起了家庭服务部的注意,随后家庭服务部向家庭法院起诉。最严重的指控是,这个女孩在4岁的时候遭受了性虐待。在13个月的时候,这个女孩还从阳台坠落了一段不长的距离,女孩的母亲迅速地带她去了医院,没有发现其受到严重的伤害。还有一些其他的问题,包括担心父母之间的关系失调,对孩子们的伤害表明其父母缺乏必要的护理技能,不令人满意的家庭生活环境以及该父亲醉酒的报告。

在审查了所有事件的证据之后,法官认为该女孩重复地遭受"一个不知名的男子"的性虐待。让法官欣慰的是,这个行凶者不是家庭成员之一,也不是这个孩子熟悉的某人。该法官有两个新的发现:一是在遭受身体和性虐待时,这个孩子披露的信息涉及父母;二是有足够的经证实的事件,包括对孩子们的伤害,让人怀疑这对父母保护其子女利益的能力。在这些发现的基础上,法官将两个孩子交由家庭服务总监来照管。

50　　表面上看,这个案件似乎无懈可击。严重的指控已经提出,该父母的不当也非常明显,但该父母却仍然上诉成功,怎么会存在这种情况?

上诉审法官分析认为,尽管一系列的信息已经汇聚在一起证明了该父母的失败,但很少有人注意到证明法院介入是正当的事实。儿童法院绘制的图景将该父母置于错误的灯光之下,按照上诉审法官的观点,这使初审法官未能审查证据的质量。部分的指控是不重要的且应该被忽略,有一些还没有被证实。虽然综合起来看,确认该父母不适合照顾子女的指控已经足够,但如果将其拆分后再进行审视,则会出现问题。另外,在上诉审法官看来,原因不明的性虐待才应该是这次诉讼的真正理由:所有其他事项在以后都被用来证明决策者采取行动是合理的。

对于这个问题最明显的回应是,正确地断言性虐待是令人震惊的罪行,需要为保护子女而采取行动。上诉审法官对此毫不怀疑,他质疑的是是否可以证明存在性虐待。为理解其观点,有必要体味一下证据法的技术性细节。法律中有对"传来"证据的依赖度确定规则。简单地说,这是二手的证据,不是目击者看到或听到,而是由第三人告诉他或她的证据("他告诉我说枪在他手里响了,并不意味着是他开的枪")。法官们不太愿意采信传来证据,因为作为信息来源的这个人并不出庭且不会被交叉询问。法律也对专家证据作了规定。专家们可以在其专业领域内对所涉事件加以证明,但只能是一种推测。这两项规则都在该案中被采用。

关于传来证据具有相关性的这个规则,如我们已经了解到的,初审法官提及在身体和性虐待中孩子"披露"的信息涉及父母。但这些是两个孩子向社会工作者和其他照管他们的协助人员作出的陈述,故上诉审法官质疑使用这个令人印象深刻的单词"披露"的适当性。事实上,这不过是对孩子们所说进行的记录。法官陈述说,初审法官好像已经假定这些报告代表的就是实质性的事实,但这些报告并不必然可以被认定为事实。在律师看来,这些只是年轻的孩子们所作的未经证实的庭外陈述。因此,这些报告不能作为证据。

该法官的第二个抱怨是,两名专家(一名儿科医生和一名心理学家)的意见被过于倚重了。该儿科医生证明"这些子女从小就处于一个虐待和暴力的环境中",而这一评论的基础恰是医学和社会工作者给她看的报告。该医生根本就不知道这些指控是否真实,她只是假定其都是真的,并把未经证实的事件都作为事实而加以接受了。"拥有专业知识也不能让一个证人仅仅凭猜测就得出结论。"可能的解释已经转变为肯定的见证。一个医学领域的证人可以证明生殖器损伤与性虐待有关,但该证人却不能被允许来猜测这些伤害的起因。医学专家至多可以诊断伤害的性质而不是其起因。同样地,身体伤害的证据(该子女身上的瘀青)不能用于辅助证明这些伤是意外还是故意造成的。

该法官也批评了那位心理学家。该心理学家也是基于社会工作者和孩子的照管者提供的报告来发表意见。该法官特别排除了这名心理学家称所引用的该子女的陈述是"可靠的和可信的"观点。法官对此评价说:"那个结论是一个严重的错误……对心理学家而言,得出这样的结论是种很危险的不负责的行为,因为这不是一个纯粹的猜测而是一个'专家意见'。"应该由法院来确定一个特别的陈述是否"可靠而真实"。

简单地说,上诉审法官确定初审法官错误地将猜测性的、理性上无法支持的观点作为了专家证言。依靠这些专家证言,初审法官"由于接受了她承认并接受的不利于该父母的证据,可能对该父母产生了不利影响"。由于不能确定事实上在这些孩子身上发生了什么,专家们有权提出怀疑,但仅有怀疑是不够的。

法官并没有质疑被卷入这个家庭的那些福利和健康工作者的动机而只是提到了他们的"热忱"。他承认,这名儿科医生和心理学家是急于揭示孩子们遭受的虐待并保护这些受害者。然而,很明显,该法官对于儿童保护机构持怀疑态度并倾向于采取"放手"政策。

按照其观点,青少年诉讼的目的不是冒险去为孩子们找到最可能的替代选择,保护孩子们免于所有可预见的危险。父母们在育儿期间的感知能力和技能变化很大。福利机构和其他权力机构应注意克服文化和职业傲慢。一个被福利机构认为功能失调的家庭可能是一个比寄养更好的选择。现有立法应当促进和支持家庭单元而不是逐渐破坏它。

这有助于解释该法官坚持的观点,那就是,要将对家庭生活的干预限制在通过案件中被证明的事实所确认的正当性范围之内。他的判决是法院在福利机构和家庭之间所处立场的一个例证。该判决的核心在于儿童保护工作者必须满足法律的需求并证明其要求使法院满意。

但这并不意味着律师的路径是"正确"的,而福利工作者是"错误"的。律师们(像福利部门一样)需要警惕"职业狂妄"。此案中由社会工作者和健康护理专家所提供的评估可能是恰当的。他们与这些孩子及其父母的紧密联系和他们对功能失调家庭的工作经验可能帮助他们对干预的需求作出明智的判断,但法律仍将处于优势位置。在该案中,我们看到,对这些法律规则的适用反映出这样一个观点,那就是,这个体制可能在对家庭私人世界不予介入这个方面犯错。结果是,上诉审法官推翻了初审法官将子女带离其父母的判决。

在本章中,笔者已经讨论到的 5 个案件都对儿童法院可能遇到的问题给出了例证。在下一章中,笔者将再次检视儿童保护系统基础性的广泛原则,并讨论适用这些原则而引发的问题。

注　释

伊丽莎白案

伊丽莎白案的大量报告引自:2008 年 KL 诉新南威尔士州社会事务部案 NSWDC96,Re Tracey[2011]NSWCA 43,Re Elizabeth[2011]NSWDC245。最后提及案件所适用的一些标准在《1998 年儿童和青年(照顾和保护)法案》第 90 章中被列明。

一个困难的家庭

该案的报告引自 2008 年维多利亚州人民服务部诉 D 先生和 B 女士案 VChC2。对"可能"的讨论引自尼科尔斯勋爵(Lord Nicholls)的判决书 re H(Minors)(Sexual Abuse:Standard of Proof)[1996]AC 563。

切断家庭联系

该案的报道引自 2007 年 B 先生和 B 女士案 VChC 1。调整永久性护理令的条款引自维多利亚州《2005 年儿童、青年和家庭法案》第

321条。

安德鲁案

该案引自 Re Andrew[2004] NSWCA 210 和 Re Andrew[2004] NSWSC 842。在被提及的评论中,澳大利亚高等法院的裁决引自1987年J诉利施克案 162 CLR 447。新南威尔士州检察总长的评论引自《儿童及青少年(照顾及保护)条例草案》二读发言稿。

世界的不同看法

该案引自1996年A和B诉家庭服务部案 ACTSC 48。

4　儿童的保护：一些困境

前一章关于案例的讨论，其研究集中在一些判决的细节处。以前述研究为起点，笔者现在将就澳大利亚儿童保护体系中的一些主要的困境展开探讨。

"最大利益"的含义

有关儿童保护的诉讼有两个重点。第一个重点：证据必须被考量，法院必须确定，该证据是否表明这名儿童需要被照管。如果证据表明该名儿童需要被照管，法院就进入处置阶段，即法院必须确定是否需要为保护该儿童而颁发一个令状。如同此前的案例研究中已经展示的那样,法院需要确认,特别是在儿童"最大利益"中,该令状有什么样的内容。法院会给自己确定一个什么样的目标并会适用什么样的标准?

"一个困难的家庭"案中的判决暗示了一个答案。在该案件中,仅仅因为其父母可以提供的照顾标准受到了公开的批评,法官就据此认为4个子女的父母不适合抚养子女。如果该子女接受了"足够好"或"充分的"照顾,那么论据就充足了。如果不能达到这个标准,那么将子女带离其父母就不能被证明合法。

该判决承认养育标准是变化的。在这种情况下可以理解这一点,但这项对适用最大利益原则的考察说明了什么呢?法院通过这种考察来确认如果儿童被适应其"门第"的方式抚养,那法律就不应该干预其状态,是否可以被接受呢?

一项英国的研究已经指出了这个问题。它引用了社会工作者报告的关于一个肮脏污秽的家庭也"不是太坏"的例证。对研究者来说,这表明儿童保护工作者有时会应用降低的中产阶级标准。这样的结果是,在贫困地区时,这些工作者可能偶尔会把孩子们留在并不令人满意的家庭中。用一个卫生随访员的话来说,"如果强行适用我的可能和其他人不一样的标准,我认为是不正确的"。这就暗示着,对于一个确定团队的成员,可以被期待的是一个低的标准。这种评论在号称没有阶级区分的澳大利亚可能会制造出令人惊恐的反应,因此必须面对它背后的理念。

儿童法院无权假定存在普遍可接受的育儿标准，也不能采纳体现在《联合国儿童权利公约》第27.1条中的崇高目标。该目标要求"缔约国承认每个儿童有权享有适当的生活水平，以确保其身心健康"。为了"足够好"或"充分"照顾儿童而对其做出安置与通过要求法院下达一个旨在允许一名子女发挥其潜能的令状来解释最大利益原则存在区别。

该案中还有另一个因素在起作用。其判决是基于维多利亚州《2005年儿童、青年和家庭法案》第10(3)(g)条作出的，该条规定"子女仅能在对其存在不可接受的伤害时才能被带离父母"。这就意味着，立法机关没有给法院自由的力量去做对4个孩子最好的事情。避免伤害是一个狭窄的标准。就像对"足够好"养育的接受，将避免伤害作为目标，也就是在追求一个比由适用最大利益原则确定的目标更没有那么雄心勃勃的目标。

也许应该接受一种更温和的方法，因为法律的范围不应超出其掌握范围的场合。尽管有着至上原则的宣告，但儿童保护的法律不能改变一名儿童的生活，也不能冒险保证给一名儿童幸福美满的未来。儿童法院不是一个勇敢新世界的社会化工程的一部分。法律给儿童法院施加了限制。在儿童的未来不能被保证的情况下，初审法官和其他法官们必须在有限的条件下尽力地工作。现实主义必须获胜。这一结论回应了19世纪法官们的担忧（第一章中引用），即关于热情过度的法院为促进儿童最大利益而进行干预的危险，该危险在于这个国度里"半数家庭的宁静"将被打扰。

第二个重点：在伊丽莎白案中，有一个根本性的困难暴露了出来，即对一名6岁女孩的未来存在争议。法院可以关注她当下的福祉，也可以关注她10岁、青少年和成年时的福祉，但法院会发现，作为一个常识，其不可能通过关注当下来预测一个孩子长期的未来。此案作出判决所依赖的法律规定说"儿童的安全、福利和福祉是最重要的"。这可能被宽泛地加以解释，但却不能给出暗示来说明，是应该按照这个孩子短期的情况还是长期的情况来评估其利益。一个年幼的子女被安置在养父母身边可能会得到很好的照顾，但之后又可能会对自己被带离生父母深感不满。法律可能回应说，她可以在成年后收获利益。

保护家庭单元

在适用至上原则时，儿童法院必须认识到保护家庭单元的重要性，对这5个案例的研究无不表明这一点。在澳大利亚所有的州和领地中，其法案都表明对亲子关系的干预必须保持在最小限度。例如，在"一个困难的家庭"案中，法官基于维多利亚州《2005年儿童、青年和家庭法案》第10条的规定，有义务"对作为基础性社会群体单元的父母和子女给予最大可能的保护和协助"，并有义务考虑"强化、保护和促进在父母和其子女间积极关系的需要"。尽管存在怀疑,但该法官还是让4名孩子中的1名回归原生家庭。在他同意延长对另外3名子女的寄养期限时,他明确地表示最终的目标是实现这个家庭中的亲人团聚。

同样地,在伊丽莎白案中,我们看到法官究竟多么注意实现维持家庭这个目标的需要,特别是承认这个女孩保护其文化认同的需要。决定让这个女孩继续和养父母一起生活而不是将其交还给生母并不容易。该法官注意到了《联合国儿童权利公约》第7.1条。该条规定,1名子女有权最大可能地"去了解其父母并被他们所照顾"。在"切断家庭联系"案中,尽管涉案的父母已经表现出他们的不称职,3名子女也已被安排了寄养,但法官还是认识到对父亲而言,其有与其子女保持一些持续性接触的必要。

法律持续地确定亲子关系的特殊性。在法院干预1名儿童的生活被确认为正当之前,必须满足的条件是,法律对倾向于家庭自治的假定被取代。一个法院可能不会放弃孩子的父母。

最终,不可能将父母们的请求不能被依法忽略的主张和儿童最大利益是至高无上的这一主张相分离。法院倾向于认为,如果1名子女被保留成为家庭单元的一分子,那么这名子女的福祉更可能得到增加。澳大利亚法律接纳了表现在《联合国儿童权利公约》第18.1条中的观点,即父母"对其子女的抚养和成长具有首要的责任"。促进该责任通常才是至上原则得以实现的最有效路径。

如我们在安德鲁案中所见的那样,澳大利亚高等法院在论及"父母在关于其子女抚养、控制和保护中的义务和权利与子女的权利及被抚养、控制和保护的利益之间是自然互惠的"时,采纳了 J 诉利施克案中的观点。按照法院的观点,父母具有"一项自然的权利去履行父母的义务并行使其权利"。履行照顾其子女的义务也是父母的利益所在。斯托里(Storie)诉斯托里案是高等法院早期的一个判决。在该案中,倾向于父母请求的立法观念表现得很直接:

> 表面上看,一名年轻子女的福祉就是要求其父母就位,不仅要行使父母的权利,也要履行其义务,排他性地享有对子女的监护权。在这种情况下,陌生人提供一个好的(笔者不得不说,或者更好的)家庭环境的事实就算有分量,也只是微不足道的。

但笔者将要阐明这种观点非常危险。在一些情况下,认为子女与其父母一起更好的假定可能将该子女置于一个危险的境地中。法院和儿童保护工作者如果总是表现出对父母权利的顽固尊重,那么可能会被引入歧途。在 1900 年爱尔兰的一个案件中,一名法官就警告说,不要因为对父母权威的迷信而牺牲一名子女的福祉。

儿童保护机构的现状

"一个困难的家庭"案还反映了儿童保护体系的另一个方面。在其作出判决的过程中,初审法官就评价了公共事务部的人员处理事件不力。他清楚地表明了其对该部门的决策能力并没有信心。

在操作程序一般比较完善的进程中,这个案件不能被看作一个独立的例证。但不幸的是,地方法官提请注意的缺陷并不少见。关于澳大利亚的儿童保护政策的询问很多,这就可以帮助定期检视出一些缺陷。一名社会工作者在一份关于北方儿童福利系统的报告中重复了她的观点:

> 这项工作很有挑战性,也很可怕。对儿童的虐待和漠视确实存在,但我工作最困难的部分,那个使我最难过和生气的部分,却是我自己所处的这个系统。是这个系统再次虐待了孩子们,再次伤害了已经弱小无助并受到伤害的孩子们。

该报告还评价了劳动力这一全澳大利亚都存在的问题。社会工作者因缺少培训和缺乏经验所引发的关注是一次又一次的。员工流失率高、疲惫不堪是常见的现象。如何吸引并留住有技能和有经验的儿童保护工作者是主要的问题。这些工作者常常工资很低,监管也不到位。缺乏经验和资格不足的员工"或许成功,或许失败"。这些工作者有时会觉得他们不被社会所承认,他们几乎总是和高负荷状态做斗争。案件数量之多使他们不知所措,且(并不令人意外地)被迫仓促作出决策。

很多人员开始对工作不抱幻想并承受高的压力。大量的文书工作需要完成,这导致一些工作人员抱怨自己花在电脑前的时间比和客户和家人在一起的时间都要多。尽管他们工作努力,但初审法官和上诉审法官却经常抱怨其记录不良。

还有一项问题是儿童和家庭"被忽视"。福利机构对通知的响应一般很差。由于系统必须确定优先顺序,许多报告没有得到适当跟进,因此法院不得不将精力集中在最严重的案件上。北方领地的调查中提到"漂流的孩子",是指"那些没有从各种照管者中得到最理想抚育的孩子,也是发展潜能严重受损但很少被儿童保护机构挑选出来的孩子"。但孩子被"挑选出来"后,对其的回应却又不够充足。福利机构经常没有履行其法定义务(例如,他们没有监督被照管的儿童,没有筛选潜在的照顾者,也没有执行法院的命令)。一个鲜活的例子就是,在一个案件中,一个被寄养的孩子因为腿部的感染已经扩散到骨头而死亡。她在死亡的前一天还被儿童保护工作者探访,一位工作人员安慰孩子说:"我不是来带你离开的。"

一次次对干预的迫切需求并没有引起法院的行动。被照管的儿童只代表了生活在贫困环境中的一小部分人。在讨论"足够好"的抚育时,笔者提到一项英国的研究。这项研究的作者们解释了这个系统因为应用"乐观主义规则"而错误地倾向于选择不干预。由于吸收了法律长期以来对"不干涉"政策的认同和对家庭自治的尊重,社会工作者们被迫,如果可能的话,"考虑父母的最大利益"。他们想要去确信父母们会负责任地行动。他们过分尊重父母的态度。

不仅是对家庭风气的信仰抑制了干预,还必须理解儿童保护系统的运转方式。在所有引起注意的困难案件中都采取行动将增加一种不可能的负担,该系统需要设法尽量让这个负担最小化。这项英国的研究建议,在临界的情况下,社会工作者会不遗余力地抵制对儿童生活的持续干预。

社会工作者也是官僚机构的一部分。为了帮助一名儿童,他们不仅要确定有必要进行诉讼,而且还要使其主管者也确信应该将一个案件提交法院。另外,很多一线的工作者对于他们工作领域所涉及的成文法规知之甚少,而为了能够采取果断行动,该过程必须"合法化"。一个"应该做些什么"的感觉必须转化成能够为法院所接受的证据。一个法院并不能自由地在一名儿童可能处于危险的任何时候进行干预。法院必须确定,福利机构是否已经弄清了案情,必须满足高标准的证明并采取严格的证据规则。在"世界的不同看法"案中,我们已经见识到这在澳大利亚范围内能够产生的困难。

最后，笔者必须回归到一个在任何论及澳大利亚儿童保护机构时都特别重要的问题，即巩固限制对亲子关系进行干预的政策会产生致命的后果。对这个系统的观察者来说，一名儿童因遭受粗暴的虐待或漠视而死亡的悲惨事件已是众所周知。通常而言，这类死亡会引起广泛的社会关注并招致政府部门的调查。此类查询结果的报告显示出令人不安的规律性——他们几乎总是发现孩子的情况尽管是福利、卫生和警察部门所周知的，但却不存在有效的干预。

一个悲剧性的案件（多个案件中的一个）

2012年，在阿德莱德，一个叫克洛伊（她的真名）的孩子的死亡就是鲜活的例证。它阐明了在本章之前已经被确认的问题。笔者无意于将南澳大利亚州的儿童保护系统专门挑出来评述，这个案件只是碰巧在写作时成为一个被广泛关注的事件。过去也有类似的悲剧性事件，将来也还会有其他事件。

克洛伊（Chloe）案

克洛伊和她16岁的妈妈一起生活。她母亲和母亲现在的男友（不是该女孩的父亲）都吸毒且她母亲还酗酒。母亲的男友虐待克洛伊，母亲则对此漠然置之。这个母亲"完全不能体现一个母亲应该被期望存在的爱和关怀"的状态。克洛伊生活在一个肮脏的环境里。有一次,这个母亲因破坏一个由福利工作者帮她找到的安置地而被驱逐,她无家可归只好充当"沙发客",有时还像妓女一样工作。来自Families SA(一个州立的福利机构)的工作人员进行探访,该母亲反而体现出侵略性,她对这种"干预"极为不满。除Families SA 的工作人员外,其他机构的人员也有所回应,包括警局、健康护理专家、一个儿童护理中心的工作人员和救世军。尽管存在这些行动,克洛伊还是因为其母亲和母亲的男友造成的巨大伤害而去世了(去世时4岁),其母亲和母亲的男友也都因杀人罪被捕入狱。

克洛伊去世后,南澳大利亚州验尸官进行了验尸。验尸官的报告解释和说明了在一种极端的情况下,儿童保护系统是如何让一个像克洛伊一样的年轻女孩失望的。

很多人都意识到了克洛伊的情况。在她短短的一生中,除了收到关于这个女孩的"许多"电话外,Families SA 还收到过关于她情况的 21 次官方通告。验尸官不理解的是,为何一个案件在存在这么多次通告的情况下还不能引发果断的干预。他将克洛伊的母亲描述为"情感不成熟且完全不负责任"的母亲。探访的社会工作者们都知道她在吸毒,也了解这个家庭住所的可怕状况,他们为何还得出了克洛伊应该继续和其母亲一起生活的结论呢？

这个问题的答案令人不安。Families SA 的工作人员被需要关注的大量案件"所淹没"，不可能对全部案件进行调查。一名高级社会工作者提供了证据，表明常规性的通知不会引发任何行动，他说"他每周会看到 20 个或 30 个这样的案件"。此外，另一名证人称，药物滥用太常见了，以至于不可能让机构去调查所有的通告。验尸官认为这种观点"匪夷所思"，他评论说："与儿童福利有关的某种社会弊病普遍存在的这一事实并不意味着社会应该简单地接受它。"

这里还有另一个例子回应前文曾论及的原则。Families SA 的文化强调了对家庭保护和支持政策的执行。对那些与克洛伊接触的工作者来说，把子女带离其家庭是最后才可以诉诸的手段。验尸官引用了对这种哲学人生观加以批判的观点："太多的儿童被滞留在危险的环境中，这是由于将虐待和失职的家庭聚在一起产生的误导性偏见。"该批判性意见还抱怨说，相较于对儿童最大利益的保护，钟摆已经朝着倾向于尊重父母主张方向摆动得太多了。

社会工作者们实现工作任务的方式其实也不得不被理解。"过度乐观"的趋势是很明显的。该验尸官的印象是，社会工作者们采取的是温和的方式。他们寻找一切迹象来表明，只要给予时间，克洛伊的母亲就会改正自身，而实际上她已经"被给了不受限的机会来解决自己的问题"。在"一个困难的家庭"的案件中，有些社会工作者透露，他们对像克洛伊这样的家庭抱有很低的期待。文件中的一项记录称,"有时,克洛伊没有受到好的抚育",总体的评价是"该母亲的抚育水平被认为超过'充足'和'足够好'的门槛"。就像我们已经看到的那样,这就反映了一种适用"降低了的中产阶级标准"的意愿。验尸官指出:"在我看来,Families SA 已经调整了其对充足的和足够好的认识,其标准明显低于一般社会对充足和足够好的看法。"

Families SA 提供的低质量服务中还有一个问题。部分是因为缺少资源,但这不是全部。一个专家证人直言不讳地说,"这个系统已被破坏且从根本上存在缺陷"。该验尸官也表明了同样的观点,认为该机构"选择了阻力最小的道路,它处理此案的整个历史是一段飘忽不定、优柔寡断和漫无目的的历史"。在对克洛伊困境的回应中,Families SA 未能履行其职责。这种调查是标准化的。存在一次为克洛伊的福利而安排的探访,据说该探访被称为"被不应该拥有的头衔美化的调查"。该探访的记录是"一份骇人听闻的文件,不仅不准确,还公然出错"。验尸官的结论是,"此时进行任何有能力的调查都会发现有些不对劲"。这只是他对该机构的"严重不充分和误导性的记录"加以批判的一个例子。在某个阶段,一名高级社工收到了该案简要而温和的历史记录。另有批评意见认为,在相当长的时间内,该案由一个刚在课程结束期的社会工作学生充当"主要工作人员",她对于协助和监管基本起不到作用。

对社会工作者的培训也存在"严重的不足",他们经常参加的课程没有使他们具备处理儿童保护事务的能力,特别是他们并没有接受关于儿童成长的培训（导致他们与成年人的关系要比与儿童的关系好）。用一个证人的话来说，他们处于"一种依赖其情感而不是专业技能的"风险之中。

很明显，该案中的一些人员不了解其应该适用哪些法规。他们没有认识到，或者未能履行法规所赋予的职责。"对 Families SA 的一个控告称，其行为与法案的明确规定存在分歧。"一些职员仅仅是不知道法案有赋予其像在克洛伊这种情况下进行调查并将子女带离其家庭的紧急性权力。无知在该机构中培养了一种文化；在这种情况下，任何事情都无法有效进行，因为很难获得必要的法院命令。该验尸官断然反对这种观点，他还对一名社会工作者关于将法院作为确保对克洛伊保护的一种机制时那种绝望的态度感到困扰。

验尸官的报告给人的印象是，Families SA 的工作人员将儿童保护法院看作一个他们无法与之协商的外星世界。此外，该报告还显示，Families SA 对它的角色并不清楚。一个证人问："它是关于调查、评估、应对和转移的机构，还是关于投资和建立强大的家庭，并尽可能减少将儿童从家庭中转移需要的机构？"但以这种方式提出问题，忽视了促进儿童最大利益的首要责任。关注点必须始终保持在儿童身上，对父母们所处困境的同情不能阻碍这一义务。就像那位验尸官所评论的，"社会工作者不能同时既为子女最大利益又为该子女不负责任的父母之最大利益而开展行动"。

将案件放入背景中

在个案中确认过错、分摊责任和建议改革只能让我们走到这一步。在整个澳大利亚,还有很多专注的、有能力和有效率的社会工作者在各种儿童保护机构中。这些机构为处于困境中的家庭提供了很多必要的帮助。在某些方面,这个国家在对功能性失调家庭的帮助方面已经取得了具有创新性和富有想象力的进展。

在考虑笔者于克洛伊案中所概述的种种问题时,必须时刻记住,儿童福利机构的职员有法定义务去"强化、保护和促进"家庭单元。如果他们感到被迫适用最小化干预的原则其实并不令人奇怪(用一名英国评论者的话来说就是"在儿童保护的案件中,不干涉原则被提升到了指导性原则的位置"),在采取果断的行动之前,父母们就会获得几乎是不受限制的机会去改正。对克洛伊案这类案件的回顾反映出对父母们总是疑罪从无。从这种抱怨可见,社会工作者当然可能回应说,"不干预"政策是促进儿童最大利益最可能的途径。

甚至在社会工作者们意识到一个孩子面临危险时,经验都会告诉他们,没有可供选择的方式去救助该孩子。福利机构经常被要求去做不可能的事情。社会对儿童福利体系抱有不现实的期待。没有儿童保护机构能够应对洪水一般的案件。儿童保护工作者面对的情况通常令人气馁——他们无法魔术般地去解决根深蒂固的家庭缺陷。他们不能像变魔术一般创造出有利于儿童茁壮成长的环境。他们不能保证给困境中的孩子提供他们所需要的关爱他们的养父母。养父母的短缺非常突出,在澳大利亚的部分地区,福利机构失去的照顾者比他们能招募到的还要多。实地考察的工作人员在面对父母的阻挠或辱骂行为时还要被迫尽力工作。父母们可能对他们既充满敌意又不信任,拒绝让他们进入,或者不合作。即使是最训练有素和资源丰富的儿童福利工作者,其所能达到的目标也有限。

儿童福利机构在特定的法律框架内运作。他们必须遵守程序,他们有责任证明能够合理取代父母的要求。法律要求使用某些技术。在许可对一个家庭生活加以干预前,法院必须确信这种干预的理由得到了适当的证明。正如我们在"世界的不同看法"案中所看到的那样,法官强调仔细证明事实的重要性。就可能发生了什么而做出的猜测是不能被采信的,必须遵守证据规则。该判决也显示了律师和儿童保护工作者之间的观点存在分歧。在克洛伊案中,我们看到了社会工作者们在面对法律程序时的无助情绪。

法律程序的运作方式使问题更加严重。在"一个困难的家庭"案中,案件的听证持续了 13 天且有 20 名证人被传召,并最终形成了 107 页的判决。在另一份判决中,同一名初审法官提到,福利部门"认为有必要传召 30 名证人"来就一个并不宽泛的问题进行讨论并导致该听证会持续了 15 天。他估算法院组织这次听证会(由纳税人负担)的花费在 5 万美元到 10 万美元之间。按照他的评价,这说明了"对抗制诉讼的严重浪费"。

还有另外一个因素。经验也告诉我们一个教训,错误的干预存在危险。在澳大利亚,对"被偷走的一代"(后文会讨论的一个主题)命运的关注引起的反响仍很强烈。在"世界的不同看法"案中,我们看到一名法官强调,儿童保护立法的目的是培育和支持家庭单元而不是逐渐破坏它。在他讲话的过程中,他也观察到"过去在土著家庭中福利干预的例子是对准备太充分的干预的警告"。在另一个判决中,也有法官表达了类似的观点:

> 正如"被偷走的一代"成员的悲惨故事所表明的那样,强迫子女离开父母可能会导致其长期的痛苦。法律坚持分离这一步骤不能被采取,仅仅是因为一名官员认为这是衡量儿童最大利益所需要关心的。

这些关切同样针对将儿童从其英国家庭中迁出并"运送"至澳大利亚的情况:他们也是"被偷走了"。无论在哪一种情况下,政府官员都认为迁出是为了"他们的最佳利益"。

要衡量这一历史遗产的影响是不可能的,但它构成了必须开展儿童保护服务的原因的一部分。这个遗产为法院的意愿和福利工作者对处于危险中的儿童采取果断行动进行保护浇上了冷水。它可能强化这种态度,即应该努力保持家庭完整,且在进行强制干预之前,家庭环境必须非常恶劣。儿童保护系统面对一个基础性的困境,即如果子女在没有好的理由的情况下被带离家庭,他们会受到伤害;如果子女被留在不令人满意的家庭中,子女也会遭受伤害。对家庭自治的尊重和通过干预来保护子女并促进利益的需求之间的紧张关系无法得到消解。

无论怎样做,儿童保护工作者都将面临批评。他们可能被抱怨将太多的子女带离家庭,也可能被抱怨他们带走的儿童太少。但可能令人欣慰的是,这个问题并不局限在澳大利亚。一份英国的报告也提到儿童保护机构遇到的困境:"如果他们过于谨慎并将子女带离其家庭,他们会被抨击。如果他们不采取此类行动且……一些可怕的事情发生在子女身上,他们也会被抨击。"

关于这个系统保护儿童并促进其福利的能力,我们的社会应该更现实一些。19世纪的法官所作出的警告(第一章中引述)仍是中肯的。一个法院应该不情愿干预一个家庭的生活,因为它不能确定这样做是否会给子女带来更大的伤害。在亲子关系中,必须经常询问一个法院是否可以有效地进行干预。儿童保护立法体现的希望与抱负和试图让这些立法运作的日常现实之间总是不可避免地存有一道鸿沟。

注　释

"最大利益"的含义

儿童保护的英国研究引自丁韦尔（Dingwall）、埃凯拉尔（Eekelaar）和默里（Murray）的《儿童的保护：国家干预和家庭生活》（1983年）。

保护家庭单元

高级法院的判决引自Storie v Storie 80 CLR597。对"父母权威的恋物癖"引自In re O'Hara [1900] 2 IR 232。

儿童保护机构的现状

关于儿童保护机构报告的例子引自：福格迪（Fogarty）《维多利亚州儿童保护服务：一份报告》（1993年）；维多利亚州法律改革委员会《儿童法院保护申请：最终报告》（2010年）；伍德（Wood）《新南威尔士州儿童保护服务特别调查委员会的报告》（2008年）；维多利亚州监察专员《对公共服务部儿童保护项目进行的独立调查》（2009年）。北方领地的报告引自北方领地儿童保护系统调查委员会《让他们一起茁壮成长：促进北方领地儿童的安全和福祉》（2010年）。"工作人员向孩子保证不是来带走她"的案例，引自黛博拉·琳恩·梅尔维尔·洛锡安（Deborah Leanne Melville-Lothian）案（见下文）。关于儿童死亡的报告引自：新南威尔士州监察专员《埃博妮（Ebony）之死：需要对处于危险中的儿童作出有效的跨部门反应》(2009年)；新南威尔士州监察专员《迪恩·希林斯沃斯（Dean Shillingsworth）之死：儿童保护制度改革背景下的关键挑战》(2009年)；维多利亚州儿童死亡审查委员会《儿童死亡调查年度报告：保护和护理》(1996~2005年)；卡瓦纳（Cavanagh）《对之死的调查》，北方领地验尸官办公室（2010年）；卡瓦纳《对卡比伯·皮特·约翰逊-巴雷特（Kabib Peter Johnson-Borrett）之死的调查》，北方领地验尸官办公室（2010年）；戈登（Gordon）、霍拉汉（Hallahan）、亨利（Henry）《把图片放在一起：调查政府机构对土著社区家庭暴力和虐待儿童投诉的反应》(2002年)；南澳大利亚州验尸官《伊莉莎·莫尼克·艾维·莱登-贝克之死的调查报告》(2008年)；北方领地儿童事务专员办公室《一份有关向北方领地家庭和儿童发出关于婴儿BM的儿童保护通知的报告》(2010年)。

一个悲剧性的案件（多个案件中的一个）

克洛伊案的报告引自：南澳大利亚州验尸官《克洛伊·李·瓦伦丁（Chloe Lee Valentine）之死的调查报告》(2015年)；对保护和支持家庭倾向性的误导性偏见的批评引自萨玛特（Sammut）《切勿破坏及打扰：澳洲儿童保护的失败及家庭外照顾的压力》(2011年)；同样的评论引自《澳大利亚儿童保护危机的致命缺陷》(2009年)。

将案件放入背景中

对不干预的评论引自奎特雷《20世纪的家庭法：一段历史》（2003年）。法官提到审判的花费和耗时的案件引自2008年人民服务部门诉B女士和G先生案VChC 1。在判决中反对"太准备干预"的警告引自1996年A和B诉家庭事务部案ACTSC 48。对"被偷走的一代"成员悲惨故事的提及引自2000年CD和他人诉教育、社区服务和其他部行政长官ACTSC 81。"如果子女在没有好的理由的情况下被带离家庭，他们会受到伤害。如果子女被留在不令人满意的家庭中，子女也会遭受伤害"的评论引自：W（Children）[2010] UKSC 12。提及面对儿童保护机构时困境的英国报告引自巴特勒－斯洛斯1988年的《克利夫兰调查》，其被引述在1991年英国卫生部《儿童巴士：1980－1989年调查报告的研究》中。

5 最大利益和文化与种族认同

在第三章的伊丽莎白案中,我们看到法院在考虑文化和种族认同在多大程度上与儿童的最大利益相关。对于切断一名儿童与其文化间的联系与至上原则的适用相矛盾的这个观点如何来权衡?

这个疑问反映了当今澳大利亚非常重要的问题。儿童福利机构对处于困境的土著家庭回应(或者不回应)的方式一直都引人关注。一方面,很明显的是,处于家庭外照管中的土著儿童数量相当之多;另一方面,土著家庭贫困和社会问题的高发生率又表明,高数量的干预是正当的。

如笔者在前文中强调的那样,如果不了解其历史,那当前儿童保护工作的种种做法就无法被理解。对于影响土著儿童的程序尤其如此,认识到是什么导致了大规模的土著儿童被带离其家庭并被称为前期政策的"痛苦的遗产"是至关重要的。这些孩子以被称为"被偷走的一代"而闻名。

一段痛苦的历史

新南威尔士州对土著家庭生活进行政府干预的历史提供了一个很好的例证,可以阐明这个"痛苦的遗产"的形成过程。土著居民保护委员会于1883年成立,它的建立反映了土著文化厄运的到来。所有在儿童方面的尝试都是"教育他们,如果可能的话,让他们放弃野蛮生活方式中的习惯"。该委员会最初没有立法基础。它发展出将土著儿童带离其家庭的种种举措。在欧洲家庭或边远地区安置的体制被建立的同时,公共机构也被建立起来,通过采用男孩干农活而女孩做家务的"学徒期"的方式使程序正式化。所有这些举措的目的就是"同化"他们。因为接受了白种人是高级人种的观念,那么以欧洲人的眼光来看,对土著儿童进行"教育"、"发展"和"福利"也就很好理解了。这些政策都对土著文化视而不见。

这种种举措还不能被看作儿童福利和儿童保护系统的一部分。它们适用于所有土著儿童仅仅是因为这些孩子是土生土长的:人们认为,将这些孩子带走并将之置于严格的监管之下是正当的。1909年还通过了立法,《1909年土著居民保护法案》提供了相应的界定。

该法适用于"土著居民",包括"纯血统的本地人"、接受委员会帮助的或住在保护区的"明显具有混合土著血统"的人。委员会的一个目标就是为"土著儿童提供照管、维护和教育"。

在1915年法案中,委员会的权力被扩大了,它被授权"可以承担任何土著儿童全面的控制和监护职能,只要经过适当的调查,证明该过程符合该儿童的精神和身体的福祉"。一名子女被带离家庭之前,委员会要求遵守的所有规则就是这种至上原则的本地模式,不需要符合其他的标准。该委员会是一个行政机构并不是法院。因此,在需要干预的证据被审查之前没有设立独立法庭,只要该委员会认为将孩子带离其家庭符合子女最佳利益是不证自明的就足够了。

作为本书主题的儿童保护程序在19世纪有了迟疑的开端,在那时,法官可以将被"漠视"的儿童送交机构。在对土著儿童的关注刚刚"浮出水面"的时候,他们并没有被带入初步的儿童福利法律的大伞下。相反,如我们所见,一个单独的系统被建立起来。该系统有时还在一些地方有所保留。尽管土著居民保护委员会在1940年被解散了,但它被土著居民福利委员会所取代。该机构一直运作到1969年。重要的是,新委员会声称其义务包括旨在"协助土著居民与社区的一般生活相同化"。

当时,《1909年土著居民保护法案》开始吸收新南威尔士州生效的儿童保护法律法规。到19世纪40年代,这个过程加速,该法案也被修正,以致它使用了一些语言并涉及一些被《1939年儿童福利法案》(该法案在新南威尔士州巩固了关于儿童保护的法律)所采纳的程序。例如,土著儿童可以被关进病房;可以为他们设立拘留所;他们可以被寄养(安置在养父母的照管之下)。土著居民福利委员会具有一些福利部门的特点。特别重要的是,有条文规定当儿童"被漠视"或"不受控制"(《儿童福利法》的界定)时,一名土著儿童可以被带到法院。这些举措对当前"儿童福利正统理念"的影响已经很显然了。这个变化在土著居民福利委员会1953年的报告中也得以体现:

> 该委员会认识到了一个被普遍接受的原则,那就是,一名子女传统上是在自己家里在生父母的照顾下被抚养。对此,还没有完全令人满意的替代模式。

这里所称的"一个被普遍接受的原则"就是本书前文中已经提到过的原则。

土著儿童不再受为他们同时代的非土著人设计的儿童福利法的管辖。这是一个根本性的变化。

这一段简单的历史回顾怎么帮助我们理解当今的政策制定者在制定促进土著儿童福利的措施时所必需面对的两难境地?该段回顾反映了政策制定者们不可避免地体会到的矛盾情绪。存在两种不同的路径,一种模式是建立一套独立的系统(就像19世纪晚期那样,尽管当时的设立原因是错误的)。这种模式在20世纪后期就失去众望。在1969年土著居民保护委员会不复存在时,如我们已经看到的那样,该模式在新南威尔士州被废弃。另一种模式是借助为保护所有的儿童,无论是土著儿童还是非土著儿童设计的《儿童福利法》。在一位欧洲观察家的眼中,这似乎是朝着正确方向迈出的一步:它可以被看作防止歧视和促进平等,而不是种族隔离。今天仍有人主张,儿童福利系统应该在土著儿童和非土著儿童间有所不同。关于这点,他们称,"平等"是一个虚假的"神",相反,目标应该是民族自决。

很多土著居民渴望有一个可以控制自己命运的未来,渴望享有把原住民的身份传给下一代的权利。很多土著居民都有被白种人尝试"同化"和通过《儿童福利法》的运用带走他们子女的痛苦回忆。而且那种带走是带离他们的家园和社区,往往比这更远离他们作为原住民的身份。

如果采纳了这种观点,立法者就会拒绝"建立在平等和反歧视的简单立场之上的法律和政策"。

自决

追求自决的政策与促进文化多元论不一样。在一个理想的文化多元社会中,其目标是确保尊重少数民族成员的愿望和实践。而这不会令那些鼓励土著居民民族自决的人满意,他们追求的不仅仅是将土著居民作为少数民族文化团体的成员来加以接受。相反,他们的目标是承认其有独特的主张。在澳大利亚的多元文化社会中,移民群体得以生存并或多或少地保留了他们的区别性特征。相反,自决的支持者认定,与这些群体不同,"对澳大利亚土著居民而言,最紧要的是他们作为一个独特的、可被认同的民族而存在"。

根据这个观点,控制他们自己命运的权利应该被承认。这就需要一个不同的儿童保护系统,这个系统是由对土著社区负责的土著居民而不是被作为白人官僚机构一个组成部分来设计和管理的。在这样的系统中,首要目标是保护儿童的原住民身份。

这个身份问题值得讨论。关于一项自决政策的信奉体现了一个观点,那就是,儿童在他们自身的文化语境(他们的福祉需要和其父母的文化持续地联系)中被抚养会更好。在英国和澳大利亚,法院都被要求考虑这个观点。例如,在英国的一个案件中,法官拒绝采纳一个观点,即一个尼日利亚的孩子必须被带离其白人养父母,因为她只有在被"黑人"父母抚养的情况下才能培养一种"黑人"身份。再如,在澳大利亚家庭法院判决的一起案件中,一名在白人环境中被抚养的土著儿童被认为可能会受到身份混淆和异化的困扰:被带入这样的环境可能对这个孩子产生"一个灾难性的影响"。

有些评论员对该分析表示怀疑。他们强调,身份的形成是一个动态的过程。孩子通过复杂的方式来认同其身份。"变色龙"这个词曾被用于反映儿童适应其环境的方式的描述中。这也就说明，没有理由认为，儿童在来自不同文化的背景下成长会对其造成伤害。

在大多数的案件中，我们不能说对儿童来说在一种文化中被抚养会比另一种更好，或者同化于一种文化比与一种以上的文化保持联系更好。

按照这种观点，儿童没有理由不能在"他们自己从周围的各种来源中形成的文化背景中"得到令人满意的发展。

我们再次被提醒，确定什么是儿童的最大利益有多么困难。关于文化因素（特别是一种不可动摇的理念，即一名子女在其出生的文化下被抚养更好）的假设使问题复杂化。一项关于土著儿童福利的具有同情心的研究指出，接受这种假设会引起严重的问题。"假设一个孩子的父亲是土著居民，母亲是白人，而这个孩子又被一个白人家庭收养。"要实现保护这个孩子本土性的愿望取决于他或她如何在儿童保护法律中被对待吗？

这是另一项无法被衡量的内容。在我们使用儿童最大利益的说法时，必须问清楚，对文化认同的强调是不是父母担忧的一种体现。可以理解，一名子女的土著父母对其子女文化认同的失去（她是"我的"孩子）愤愤不平。他们会主张其有权利把他们的土著身份和文化传递给其子女。他们应有权利决定"他们希望抚养什么类型的孩子"。另外,旁观者可能会提出一个合理的问题,在一个"混合"的文化传承中的儿童是否就不能拥有更好的未来?对此必须要问,在何种程度上关注保护儿童的文化身份是父母意愿的产物,而不是至上原则的真正应用?

且无论我们关于土著民族对自决政策的追求,还是有很多人会认为这个目标不现实,或者至少在比较近的未来很难实现。目前,没有理由相信我们的立法者会考虑创设一个全新而独立的、为促进土著民族自决而设计的儿童福利系统。然而,如果我们开始理解土著居民对当前的儿童保护法律的看法时,有必要认识到他们的这种渴望,事实上这些法律仍然会在一段时间内继续有效。

这些适用于土著儿童的法律是本章剩余部分的讨论重点。总体来说,这些法律是为了满足全澳大利亚儿童的需要而设立的,无论是土著还是非土著。如笔者将要展示的,这种方法也产生了一些问题。鉴于这些法律起草时所依据的假设,这些问题是不可避免的。一个"一刀切"的法律不能适应文化的差异,也无法承认土著儿童的特殊需要。

儿童保护法律对土著儿童的适用

当前法律的一系列特征引发了困难。当然,最明显的问题就是麻烦的至上原则。当土著儿童开始被关注时,该原则的适用所引起的挑战就明显地被暴露出来。一个法院如何适用提升儿童最大利益的指令?这个标准是千变万化的,无限灵活。它是一个空容器,由文化决定的态度可以倒进去。站在欧洲人的信仰和价值观的基础上去判断什么是儿童最大利益的诱惑非常大。如果一种文化群体的代表试图决定什么对另一个群体最好,对文化冷漠和傲慢的指责就不可避免地接踵而至。

这种危险在委员会一开始在新南威尔士州运作的时候就已经体现出来了。执行委员会工作的人们认为他们正在做对儿童最有利的事,那就是把这些孩子带离其家庭。结果,他们行使了不受控制的权力,他们将其任务视为"尽可能地把土著儿童送到欧洲去"。这些方法在今天受到了质疑,不过,该系统运作可以预见的结果是,允许行政机构根据其对儿童最佳利益的看法去采取行动。提出确立至上原则的人们没有考虑到该原则在一个文化多元的社会中适用所引起的复杂问题。

对"最大利益"含义的理解有很多不同的观点。土著居民的看法与作为当前立法基础的观点之间存在不可逾越的鸿沟。很多土著居民对就设计一套儿童福利系统目标的支持会感到不快。他们可能会指出许多需要解决的土著社区面临的问题：贫穷、住房不足、令人不满的饮食、失业、酗酒、学校出勤率差、药物滥用、医疗护理短缺和暴力。从这个角度来看，关注儿童福利制度就会偏离更广阔的图景。

如果克服了这项异议，单独处理儿童保护问题就可以被接受。但这里仍有另一个主要的困难。在儿童保护立法中有一个重要的构成单元——澳大利亚法律长期存在的对"家庭"的尊重。前文中，笔者已多次引用到一个观点，即一名子女最好和其父母生活在一起。这主要是指核心家庭。在土著社区，儿童抚养仍是大家庭的义务。一名土著研究者这样说：

> 土著儿童是全部家庭的所有义务，包括亲属和他们所在的社区以及其他社区。儿童的抚养不仅仅局限于其生父母……在儿童抚养中涉及的相互关系超越了大部分那些习惯于核心家庭结构的中产阶级白人的理解。

而在适用儿童福利法律时，恰恰是"大部分中产阶级的白人们"的态度可能被反映出来。

如果土著儿童与他们同时代的非土著儿童受到相同的程序支配，在包括儿童保护立法中的界定中，就必须找到证明对土著儿童家庭进行干预是正当的这类内容。这些界定在第二章中已经讨论过了。需要记住的是，"伤害"这个概念是很多准则的核心；这些法案试图保护遭受虐待和性虐待的儿童，试图去满足儿童的身心需求，还试图去克服发育障碍和心理伤害。

在本书写作时，社会对儿童的身体及性虐待问题特别关注。存在这类虐待行为将更有理由大力干预家庭生活，这是不言而喻的。但是，对于基本的身体和心理需求的含义理解仍有讨论的空间。对一名子女"家庭"重要性的不同看法也会让关于什么是一名子女的需要的认识出现差异。如果以核心家庭为出发点，一名被看似混乱的大家庭抚养的子女明显就处于危险之中。欧洲关于什么构成了"忽视"的观念可能导致对土著儿童养育方式的偏见性评价。

另外还有一个危险。误解（无论是来自阶级还是文化差异）不一定会导致不适当的干预。相反，这个决定可能做出了让步（这个结果与英国研究称儿童保护工作者有时会适用低于中产阶级的标准相一致，确实，同样的研究也提到了"文化相对主义"）。儿童保护工作者和法官有时可能会认为令人不安的父母行为是一个特定文化或种族群体成员的典型特征。这种现象可以用一名美国评论家的话来描述，即"低期望的软偏执"。对于这点的阐释在北方领地土著儿童保护政策的报告中可以找到。这里提到，调查一个土著儿童的特别群体生活条件的社会工作者们认为，他们所感受的过度拥挤"是可以忍受的，因为过度拥挤在文化上是可以接受的"。

如果旨在防止"发育障碍",同意法院干预合理的风险就大大增加了。一名儿童被预想的未来是怎样的?一种观点是,对土著儿童采取独特的方法应包括允许土著儿童成长为"真正的土著成年人"。这个观点还没有被主流文化的代表所接受:他们可能将干预认为是正当的,只要这样可以为一名儿童掌握那些在文化多元社会中生活所需的技能扫清障碍。

该分歧阐明了笔者在第二章时曾提及的一种考量。儿童保护法律的适用需要儿童法院给各个不同法规中的词语赋予含义。一名法官(有时在听取证据之后的几天或几周)必须确认一名特别的子女的情况"符合"一种或其他儿童需要保护的认定标准。当以"发育障碍"为标准时,这个任务的履行方式就很可能被生活环境或文化因素影响。必须在一种难以考虑文化差异的制度下作出决定。

就儿童保护系统适应土著儿童需要的能力而言,还有更多令人担忧的理由。有特殊的理由怀疑它可以为土著儿童的需要提供什么。这是为了让人们注意到,前面几章中所提到的这些孩子的关键点的特别关联:不是该系统经常缺乏运作良好的资源,而是它的运作经常带来伤害。一名堪培拉记者对制造了"被偷走的一代"的政策的评论,强调了那些以为自己做得最好的人的"道德确定性"所造成的伤害。结果是出现各类"随意的暴行"。

我们不能确定,在当前的儿童福利法律被适用的时候,这样的结果是否可以被避免。该记者对于干预所引起的风险的警告("长期的结果可能比什么都不做还要糟糕")是对 19 世纪判决(第一章曾引用)中说法的一个无意识的回应。当时的判决称,一个法院不能干预一个家庭的生活,"除非其确定,这么做不会给幼童和一般的社会生活带来更大的伤害"。

对儿童保护工作者来说,满足土著儿童的需要会产生特殊的问题。由于贫困、不令人满意的家庭条件等多种困难,这些孩子处于被漠视状态的风险可能会加大。这些问题不可能通过甚至最开明的儿童福利政策来解决。关于北方领地系统运作的调查报告强调了它所面对的挑战:

> 该调查发现,北方领地的儿童,特别是土著儿童,在大多数指标中都处于不利位置且比其他司法管辖区的同龄人遭受更大的伤害……北方领地的儿童更可能在一个不令人满意的环境中被抚养,也更可能遭受各种形式的伤害,如遭受家庭暴力、酒精或药物滥用、身体或性虐待以及被漠视。

回应第四章所关注的问题,该报告继续阐明:

> 调查表明,法定的儿童保护制度因为其服务需求而不堪重负,被人员不足、资源不足,被高流失率……不确定自我的定位,内部的压力所困扰,还力求去满足甚至是最基本

的期望。

文化考量还会使情况更恶化。一个关于15岁女孩的案例研究表明了一些困难。这个女孩是4个子女中的一员,其被安置和白人养父母一起生活。她的其他三个兄弟姐妹被安置在新南威尔士州的三个不同的小镇。该女孩怨恨被称为土著居民,多次尝试和家人取得联系。有时,她的生母没有参加安排好的会面。这个女孩开始吸毒和酗酒并很快失控。她的养父母已"实在没办法"。"公共权力大量介入的结果是制造了一个受困扰且不快乐的年轻人,既没有满足白人中产阶级社会的期待,又不能被土著人社区所适应。"

处理两个世界的孩子会带来无法克服的困难。养父母已经尽其所能。社会工作者不得不跟踪远方的各个亲戚并推测如果与这些并不太了解的亲戚联系是否会让这个女孩的福祉更好。这些社会工作者被称为"死马当作活马医"并且提供给他们的证据都"不可靠"。

这类案件反映出在试图帮助被带离其家庭的儿童时所面对的困境。当社会工作者可能觉得有必要加强孩子和其家庭成员的联系时,养父母们可能又会不知如何去处理因此带来的紧张关系。有时,养父母们会对这种联系感到担心。同样地,孩子们也可能因此而不安:他们发现其很难与那些在其生命中间歇性出现的家庭成员们协调关系。有时,一个土著家庭的成员会想破坏白人养父母们的努力,如在一个案件中,孩子的母亲就告诉她"你不属于他们"。在类似的案件中,一名养母和自己的生母有矛盾,生母因为她收养了一个土著儿童而说她"令人厌恶",并称这个土著儿童"永远不会是我的外孙"。在另外一个案件里,一名白人养母表达了她的怨言,她认为土著父母们已经取得了自己的机会,如果他们想让孩子像土著人一样被抚养,他们就该把孩子留在土著人中间。

法律对文化差异的确认

在存在文化差异的社会中适用我们的儿童保护法律时会面对的一些问题已经被承认,我们必须注意到当前法律试图解决这些问题的方式。在努力促进文化少数群体的普遍愿望,特别是土著儿童的愿望时,解决这些问题的方式已经出现了一些变化。

在《联合国儿童权利公约》和澳大利亚的儿童保护法律中,能够找到应对法律去尊重文化差异需求问题的广泛条款。如同第三章"伊丽莎白案"的讨论中提到的那样,法官参照了《联合国儿童权利公约》第8.1条,该条要求适用公约的父母"有义务尊重该子女身份认同的权利"。另外,根据《联合国儿童权利公约》第29.1(c)条"儿童的教育"的规定,除其他外,应以尊重儿童自己的文化认同、语言和价值为目标。另一个重要条款是《联合国儿童权利公约》第30条,其规定:

在存在少数民族、宗教或语言少数群体或原住民的那些州,不得剥夺属于该少数群体或原住民的儿童与其团体的其他成员共同享乐的权利、享受其文化的权利、承认和实践其宗教的权利、使用其语言的权利。

就像在第二章中所解释的那样,该公约的重要性还并未确定。它并不是我们的儿童法院所必须遵循的法律,但却对形成适用这些法律的大环境有着贡献。

儿童保护法案也提请决策者注意文化事务的重要性。在所有法案中,指导原则的列表中都涉及这些注意事项。例如,在新南威尔士州,影响一名儿童的诉讼"必须考虑该儿童的文化"。在南澳大利亚州法案中,确定一名儿童最大利益的时候,必须考虑"鼓励、保护和增强该儿童在种族、民族、宗教、精神和文化认同等方面的认识,尊重该儿童出生社区的传统和价值观"。这类条款对所有来自文化少数族群的儿童平等适用,它们并未将土著儿童专门挑出特别对待。

与保护土著文化的需要而直接相关的条款有很多。维多利亚州《2006年人权和责任宪章法案》第19(2)条规定:"土著居民有独特的文化权利,不得否认其有……享有其身份和文化的权利……维持并使用其语言来保持亲属关系的权利。"

一些儿童保护法案已尽力让这类原则得以生效。例如,维多利亚州法要求,当需要作出任何影响土著儿童的判决时,必须"通过可能的在儿童的土著家庭和社区间建立并维持联系的方式,考虑保护和促进土著文化与精神认同及发展的需要"。昆士兰州的法律列明了适用于土著儿童或托雷斯海峡岛民儿童的原则,包括"儿童有权发展并维持与其家庭、文化、传统、语言和社区间的联系""一项与儿童的身份认同和与其家庭和社区联系相关的裁决必须考虑其长期的效果"。

在澳大利亚所有的州和领地中,这些原则又通过被称为土著儿童安置原则的规定得以强化。例如,根据维多利亚州法,如果确定一名土著儿童应被带离其家庭,儿童法院应听取"相关土著儿童机构"的意见并必须遵循明确的指导方针。只要有可能,该儿童必须被安置在一个土著大家庭中或与亲属在一起。如果无法这样处理,该儿童就可能被安置在来自本地社区并与该儿童的血亲家庭保持邻近的一个土著家庭或来自另一个土著社区的土著家庭中。只有在万不得已时,才将其安置在与该儿童的血亲家庭保持邻近的一个非土著家庭中。另外,任何在非土著家庭中的安置都必须确保通过与该儿童社区相联系来维持其文化和身份认同。

这类法律反映的观点是,对于土著儿童,法院必须尽力确保被带离家庭的儿童应保留在土著社区之中。北方领地关于儿童保护政策的报告解释了土著儿童安置原则的目的。它对土著儿童以及土著人民都很重要,"对土著人来说,儿童代表着文化、传统和语言的未来。考虑以前有害的同化政策和认为土著身份与被移走的儿童无关甚至是有害的不利政策,土著儿童安置原则特别重要"。

法律的困境

笔者已经列出的那些特别法律制造了法院的困境。确立已久的至上原则必须以这种方式来适用,那就是考虑保护儿童文化认同的需要。为《联合国儿童权利公约》所表明并被澳大利亚儿童保护法律所整合的原则有两个层次。它们要求法院承认少数民族可以自由地保持其文化认同,且明确地应对尊重土著文化特殊性的需要。

在转入下一个主题之前,考虑得更宽泛一些是有帮助的。在尊重文化差异方面,澳大利亚的法律可以走多远?对于来自少数民族文化或族群的儿童,多样性包容原则的适用需要达到何种程度?澳大利亚还有许多移民,他们在儿童抚养方面的独特理念是否能够得到尊重?如果我们的社会认为一名儿童的文化和种族认同应得到保护,那对于女性割礼和包办婚姻又应该持何种态度?这里有一些极端的例子(和依照澳大利亚刑法可能被处罚的相关行为),可以凸显出一个社会信奉文化多元时所遇到的困难。父母们可能了解什么是最大利益,因此主流文化一般不干涉家庭生活。接受这种强有力的答案太简单了,但这会让我们偏离,无法对所有在促进儿童的福祉方面扮演角色的法律进行认真、详细的审查。毫无疑问,对于不同的儿童抚养方式的无条件的尊重可能对部分儿童是有害的。

为了说明这个问题,我们来看一个美国的案例。笔者选择它是因为,与当今的澳大利亚——这个"被偷走的一代"的幽灵能够理解地持续点燃热情的地方——相比,它可以使人们更冷静地讨论这个问题。该案例也阐明了在文化差异变得重要的情况下,确定儿童最大利益的困难。

威斯康星州诉约德(Yoder)案是美国联邦最高法院在1972年判决的案件。一个14岁和一个15岁的孩子的父母拒绝送他们去中学就读。该父母是阿米什社区的成员。他们认为,中学教育会让他们的孩子们处于"世俗的"影响之下。他们宁可在自己的社区过简单的生活,夫妻分居,做手工劳动,自力更生。就这种生活而言,所有儿童所需要的就是基本的技能,包括"基础的读写能力",但不需要两年的高中教育。阿米什人这样解释他们拒绝额外教育的原因:

> 额外教育倾向于强调知识和科学素养、自我区分、竞争能力、世俗成就和与其他学生的社交生活。阿米什社会则强调边做边学,强调过"神性"的生活而不是知识性的生活,强调智慧而不是技术知识,强调社区福祉而不是竞争,强调独立而不是融入同时代的世俗生活。

问题在于,在州政府有义务对所有的儿童扩大继续教育的益处而不用考虑其父母想法的情况下,法院干预是否恰当。该争论又以这个观点为依据,即为了广大社会和儿童的利益,这些儿童应该有能力有效地参与大多数人所参与的现代社会的生活。"在对整个社会都具有重要利益的行为方面,有序自由这个概念排除了每个人制定自己标准的可能性。"该父母反对这个观点,他们认为孩子们的最大利益就是拥有自己的志向和价值观,成为其独立社区的一部分。就孩子们为这个社区的生活做准备而言,高中教育是不必要的。

权衡了这些冲突意见之后,法院基于《美国联邦宪法》所包含的保证宗教自由这一基础作出了判决。按大多数法官的意见,这种对宗教自由的保证防止了政府强迫该父母确保其子女接受中学教育。

宪法规定与此无关。为了我们的目的,中心议题是在影响到作为不同文化群体的一部分儿童时应如何作出裁决。

> 和国家的基础利益相反,本案涉及父母在引导宗教的未来和其子女教育上的基础性利益。现在,父母在其子女抚养方面的主要角色已被确立并毫无争议地成为美国持久的传统。

父母们诉之于这种传统:这是"我们的"孩子,我们想要以和我们宗教信仰相一致的方式来抚养他们。他们向明智的国家应该无视他们意愿的观点发起了挑战。

面对这种挑战,应适用什么样的"最大利益"考察方式?何时尊重父母不接受主流文化的多样化的儿童,即使这对儿童可能产生不利影响?从文化视角来看,应提出有力证据来证明,在日趋复杂化的社会中,政府应确保儿童受教育的机会不可剥夺。一名法官阐明了这方面的论争。他承认在部分阿米什儿童希望保持过田园生活的时候,其他的儿童可能不愿意。

他们可能希望成为核物理学家、芭蕾舞者、计算机程序员或历史学家,从事这些职业,其需要正式的训练。一个国家的合法利益不仅在于寻求开发其儿童潜在的才能,还在于寻求为他们将来可能选择的生活方式做好准备,或者至少为他们提供一种不同于过去生活的选择。

另一名法官重复了这个观点。他担心,因为父母们的期望,这些孩子将永远被阻隔在外,无法进入我们今天已经拥有的具有多样性的新鲜而神奇的世界。用他的话说,假如"那些当权者使孩子们习惯于阿米什人的生活方式"并截断他们的教育,他们的整个生命都可能"发育不良和畸形"。

另外,他在分析中介绍了一个新的要素。他认为其他法官假定"在父母和子女间有利益的同一性"忽略了考虑子女利益的必要,更何况还有其父母的希望。坚持让父母自己践行其宗教自由会不可避免地导致父母将其意志强加给子女。该法官警告这有侵犯子女权利的危险,至少在他们年龄足够大可以表达自己观点的时候是这样。他注意到,过去,法院在处理父母和政府间类似冲突的时候很少有考虑子女意见的倾向。这是一个很重要的洞察。这回应了本章早些时候提出的观点,即对保护孩子独特的文化认同的关注可能反映出对父母意愿的尊重,而不是真正寻求符合孩子最大利益的结果。

不能认为像威斯康星州诉约德这样的带有其宗教方面因素的案件与当前的澳大利亚没有相关性。在昆士兰州,就曾经因在家教育其子女引发了争议。有一个案件,一个决定在家教育其子女的父亲被起诉并罚款,理由是他没有将他的决定在教育部登记。在那些热衷家庭式教育的人之中有一些人对国家审查特别怨恨,他们主张子女教育的选择应该由其父母控制。他们质疑国家干预的基础。政府可能回应说,国家对培养受良好教育的公民有兴趣。该事务不应由儿童保护法来处理,它属于管理义务教育的法律所涉及的范围。还有另外一个例子说明了在家庭生活中确认国家干预的范围应有多大很困难。何时父母们可以告诉政府"少管闲事"?

因此,我们又回到了如何确定一个特定孩子的最大利益是什么以及尊重父母意愿能在多大程度上促进这些利益的难题上。当力求去适应文化差异时,这些观点,这些前面两章的核心关注点,又增加了复杂性。儿童福利系统可以既守护儿童的成长,又尊重那些希望可以保护其独特子女培养实践的父母吗?

威斯康星州诉约德案的核心，在于文化因素决定的不同观点间存在一条鸿沟。有一个问题会被问到：在处理一个独特的文化群体时支持一种教育机会观，而在处理一个属于主流的群体时支持另一种教育机会观，那这一法律的含义究竟是什么？可能阿米什教派的成员会反对限制接受教育会导致发育障碍的观点，而专业化班的成员则对提供中学教育以使其获准进入"我们今天已经拥有的具有多样性的新鲜而神奇的世界"的需要毫无疑问。

更为基础的是，该案还阐明了法律试图承认土著居民愿望时所面对的困境。引述的段落解释了阿米什人对中学教育的反对，这种反对是以保护独特文化的渴望为基础的，这种反对也与许多践行追求民族自决的土著居民的观点相一致。按照该观点，我们的社会应该承认他们有权控制自己的命运并维持自己的身份认同。正如我们已经看到的，这种愿望已经被总结为一项权利，即把原住民的生活方式传给他们的孩子。阿米什社区的很多成员也会承认这种志向。

对土著儿童文化认同的尊重：一些问题

关于保护土著儿童身份认同的特别法律已经被设计出来，这些法律可以给那些纠结于威斯康星州诉约德案核心中存在的那类困境的法院提供一种现实的解决途径。这些法律中最重要的就是那些制定了土著儿童安置原则的法律。实际上,这些原则可能很难被适用。最明显的困难在一个维多利亚州的案例中已经被体现出来,在该案中,公共服务部很艰难地为已经被从家庭带离的四个土著儿童寻找文化上合适的安置地。在本地区和邻近地区都无法找到安置地,尽管找到了非土著的养父母,但这些孩子都被分散安置。因此,不仅不可能将这些孩子安置在一个土著人的场所,还不可能把兄弟姐妹们安置在一起。立法者制定原则是一回事,在现实中的操作又是另一回事。

北方领地的报告使该问题更加清楚。土著家庭的高度劣势使潜在照管者的数量减少了——"寻找那些能够且愿意接管孩子的照管者,尤其愿意接管那些有复杂需求孩子们的照管者,是一项持续性的挑战"。尽管存在这些评论,但认为儿童安置原则很少被适用的观点是错误的:2008~2009年,土著儿童被安置在土著照管者处的比例有了实质性的变化,其在全澳大利亚占73%,新南威尔士州占84%,北方领地占48%。

当有可能被适用时,该原则的效果就必须被仔细审查。一名有经验的北方领地的初审法官曾对强调土著儿童的安置提出了批评。在他看来,这种安置并不总是符合土著儿童的最大利益。她认为对该原则的坚持可能导致对这些孩子的歧视。当这些儿童回归自己的社区时,这种歧视就会存在,因为这种原则将他们置于非土著儿童不能接受的、难以令人满意的标准之中,无论是教育、健康还是住房。

土著化的安置否认那些旨在发挥孩子们全部潜能的最大化其发展机遇的机会。

一个案例可以证明该点。该案涉及一个出生就患有胎儿醇中毒综合征的北方领地的年轻女孩。她已经被带离其土著父母(她父亲经常进出监狱,她的母亲据称还在和酒瘾作战)并被安置在有经验的养父母身边。养父母给她提供了很好的照料。当养父母决定搬迁到西澳大利亚州时,他们申请把这个女孩带在身边。该女孩的生父母反对,法院支持了其主张。法院采纳了该女孩需要和其生父母保持一种有意义的联系的观点。在该结果可被视为承认在生父母和其子女间特别联系具有重要性的时候,失望的养父母抱怨说,福利部门对土著的安置的关心比对孩子安全的关心还要多。

北方领地的报告也确认了执行这些法律时所面对的困境。土著儿童安置原则被规定在北方领地的《儿童照顾和保护法案》的第12条。该法案的第10条规定,对于任何可能影响到儿童的判决,"儿童最大利益是最重要的关注点"。该报告提到,儿童照管工作者"有时,似乎在这两个章节中做一个选择"。"一个独立的社会工作者可能解释该法案的第10条可以推翻第12条,反之亦然。"初审法官的评论表明,无论是旨在确保最低程度的照护标准的适度化还是更大胆地鼓励儿童充分发挥其潜能,至上原则都应该占据上风。她的结论似乎是,在有些时候,于土著社区安置儿童不能同时满足这些目标。

该报告还就文化敏感性和满足儿童需求之间的日常性紧张展开

了评论。

许多意见书和证人主张,福利部门适用土著儿童安置原则推翻了考虑儿童最大利益的原则,特别是在稳定性方面。有许多孩子在没有被通知或在没有充分计划或准备工作的情况下,从稳定的非原住民安置的地方被带回家照顾。这种情况下,适用土著儿童安置原则明显无法满足儿童对稳定环境的需求。

一份来自照管人的意见书提供了一个例证:

我们现在已经照顾一个小女孩10个月了。当知道她受看护的时间被破坏了的时候,我们就把她带走了。我们知道,如果需要的话,我们会为永久地照顾她做好准备,似乎她的社会工作者也是这样想的。但此后她的社会工作者改变了主意,我们被告知,他们计划将孩子送到她母亲所在社区的家庭,只要他们能找到愿意这么做的人员。我们被鼓励与被我们照顾的孩子相联系,然而,当这种情况发生时,他们把孩子带走了。我们知道他们不是我们的孩子,也知道他们中的多数人确实有可以回归的家庭,但有些决定的作出并不是为了儿童和照管者的最大利益。

这类批评表明,鼓励土著社区为其儿童尽责的土著儿童安置政策也不能太刚性地执行。在一些情况下,一名儿童的福祉可通过安置在土著家庭得到最大的促进,而在另外一些情况下,则是通过将之安置在非土著家庭得到促进。

此外,在评价儿童保护系统的运转时,在鼓励更多的土著社区参与方面很明显还有做进一步努力的空间。在这方面我们已经采取了一些步骤,如任命土著治安法官在涉及土著儿童的情况中主持儿童法庭。同样地,现在也有土著的社会工作者。土著儿童照管机构的设立已经特别重要。虽然有着不同的名称,但它们已经在澳大利亚的大部分地区开始运作。它们为那些被带离家庭的儿童提供适当安置的建议,在一些州和领地内还提供儿童照管和协助服务。

尽管在这些方面有所进步,但有时候土著工作者的参与还是受到了限制。北方领地的同一份报告中还引述了一位有经验的儿童保护工作者的话:

> 在与北方领地的家庭和儿童们一起工作时,我遇到的最令人震惊的情况是,在一个特定的区域内,尽管多数客户是土著居民,但在该区域的办公室内仅仅只有一名土著工作者和一名土著社区工作人员。

尽管这个问题可能会被彻底解决,但总有人宣称土著居民参与度虽已增长但还是不够充分。将土著的初审法官、社会工作者和儿童照管机构视作一种外星人系统的观点应该被反对。他们不可避免地在白人的官僚体系中运转。特别是社会工作者将处于福利部门的直接管理之下,并有义务执行高级非土著官员所确定的政策。一个土著人员有限参与的系统和一个由工作人员控制和运作并直接向土著社区负责的情况不同。后者不允许该社区制定政策或设置优先事项。

这些批评意见将我们带回了本章早些时候讨论的拥护土著人民族自决的问题。由人权与平等机会委员会在1997年所主持的关于"被偷走的一代"的调查强调了承认这一主张的必要性:

> 正是这个原则让土著人民就直接影响他们子女、家庭和社区的事务实施控制有了权利基础。土著人对民族自决的看法规定了通过可能涉及某种形式自治的程序来发展对这些社会生活领域的控制。

一种妥协?

尽管没有采纳促进民族自觉的一项政策,但立法者们还是在满足土著居民需要方面采取了一些举措。我们面临的挑战是既要实现这一目标,同时又不能忽视寻求对所有澳大利亚儿童(无论是土著儿童还是非土著儿童)最有利的 21 世纪儿童保护系统的目标和标准。这些已经被引入儿童保护法律的特别条款不可避免地会导致一种妥协。尊重土著文化必须与至上原则共存,该原则的适用可能是基于一种文化决定的态度。

笔者已经提及对儿童法庭可采取的措施持怀疑态度的必要性。法庭命令不能改变孩子们的生活。当一个文化群体的成员准备确定什么对另一个群体成员最好时,怀疑的理由将更充分。我们的社会应该认识到,一般而言,对土著儿童的照管应留给土著社区。该结论与我们应懂得法律长期以来对父母权威的尊重这一观点是一致的。采纳一种与干预家庭生活相反的推定通常可以让土著儿童的利益最优化。这可能也符合承认文化多样性的意愿,这种承认必须包含对不同的儿童抚养实践的接受。出于对维持文化认同重要性的关注,部分法官也对"不干预"政策的采纳提出了另一个观点。一般而言,父母知道什么是最好的这一假定,可能也能被那些并不接受主流文化中通常看法的父母所接受。

然而,这种说法只能用到目前为止。反对善意干预的情况被夸大了。虐待和漠视的现实使其无论存在于何处,儿童保护法律都必须面对这一情形。当有明确的证据表明一名土著儿童已经遭受或有遭受伤害危险的时候,法律必须介入。尽管《联合国儿童权利公约》

和澳大利亚法律中的原则都包含有促进尊重文化认同需求的内容，但该点也必须被接受。这些原则听起来很有道理，但它们也不能允许法院对土著儿童处于不利社区中的日常现实置若罔闻。必须认识到被关于土著儿童生活的浪漫说法带错方向的危险性。对决策者而言，基于这样的假设——土著儿童的最大利益通过维持其文化认同就一定可以得到保护，继而采取行动是错误的。

过去失败的痛苦不能让我们看不到现实的问题。相反，我们目前并没有看到大量的土著儿童被从他们的父母身边带走。我们也不能说，土著儿童现在已经被移送到非土著儿童也可能会被留下居住的环境中。因为在同样的情况下，土著儿童不可能比非土著儿童被照顾得更好。用北方领地报告里的话说，很多土著儿童"可能在不令人满意的环境中被抚养且被暴露在各种形式的危险之中"。一个儿童保护系统如不能对这种情况作出反应，那就应因抛弃他们而被视为有罪。

甚至为了避免这一结果而采取的顺序也是有争议的。本章早些时候就讨论到那些针对制造"被偷走的一代"的活动而进行的批评。讽刺的是，在21世纪，对导致土著儿童家庭外照管数量飙升的政策所发表的批评表明，该儿童保护系统正在制造新的"被偷走的一代"。

最终，威斯康星州诉约德案还是留下了一个无法回答的问题。究竟哪一点使一项尊重文化差异的政策反而导致了对少数民族群体儿童机会的抑制？如果认为所有的儿童都应该就开发其全部的潜能获得帮助,什么时候可能出现这种情况——允许一个儿童保持其文化认同将意味着这个儿童"将永远被限制在"进入一个不同世界之外？采纳这种观点可能会被谴责为暴露了文化盲目性。同样地,也可以辩称,这是为了确保促进所有儿童的福祉,而不考虑其文化所作出的选择。

注 释

一段痛苦的历史

笔者关于新南威尔士州在土著儿童方面进展的讨论很多都得益于奇泽姆(Chisholm)《黑人儿童：白人福利？新南威尔士州土著儿童福利和政策》(1985年)中的分析,引用的段落也来自该报告。新南威尔士州重要的相关立法包括：《1909年土著居民保护法案》、《1915年土著居民保护(修正)法案》、《1940年土著居民保护(修正)法案》、《1943年土著居民保护(修正)法案》和《1939年儿童福利法案》。

民族自决

本章较多引用了奇泽姆的报告,另外还参考了埃凯拉尔《不同文化中的儿童》(2004年),载《国际法律、政策和家庭杂志》第18期第178页。反对保护文化联系的案例引自：Re N (A Minor) (Adoption) [1990]1 FLR58；Re M (Child's Upbringing) [1996] 2 FLR 441；In the Marriage of B and R(1995)19 Fam LR 594。关于父母们主张有权决定"他们希望培养什么类型子女"的观点引自麦考尔·斯密斯(McCall Smith)《父母的权利还剩下什么吗?》、E 和麦考尔·斯密斯《家庭权利:家庭法与医学进展》(1990年)。

儿童保护法律对土著儿童的适用

对土著家庭生活的描述由艾琳·蒙哥塔(Aileen Mongta)提供,她是1982年在悉尼土著儿童研究计划中工作的土著妇女。此处有对奇泽姆报告的引用。"中产阶级标准降低"的提及引自丁韦尔、埃凯拉尔和默里的《儿童的保护:国家干预和家庭生活》(1983年)。对"低期望的软性偏执"的观察来自米歇尔·格尔森(Michael Gerson),乔治·W.布什的演讲撰稿人。北方领地的报告是北方领地儿童保护系统调查委员会2010年发布的《让他们一起茁壮成长:促进北方领地儿童的安全和福祉》,本章后面的章节对该报告也有引用。引用的堪培拉报道的记者是杰克·沃特福德(Jack Waterford),该报道载《堪培拉时报》2012年3月3日第16版。该案例研究引自奇泽姆报告。

法律对文化差异的确认

《联合国儿童权利公约》第30条的重要性被承认,参见 In the Marriage of B and R(1995)19 FamLR 594;谈到土著儿童,法院认为该条款给了解自己的文化授予了"一般性"的权利。涉及文化因素时包含了一般性原则的条款包括:《1998年儿童和青年(照顾和保护)

法案》第9(2)(b)条;《1999年儿童、青年和家庭法案》第5B(m)条;《1993年儿童保护法案》第4(4)(c)条;《1997年儿童、青年和家庭法案》第8(2)(v)条;《2005年儿童、青年和家庭法案》第10(3)(1)条;《2004年儿童和社区服务法案》第8(1)(j)条和第9(i)条;《2008年儿童和青年法案》第9(1)(a)条;《儿童照顾和保护法案》(NT)第10(2)(h)条。与承认土著文化有关的条款包括:《1999年儿童、青年和家庭法案》第5C条;《2005年儿童、青年和家庭法案》第s10(3)(c)条;《2004年儿童和社区服务法案》第8(1)(j)条;《2008年儿童和青年法案》第10条和第349(g)条。关于儿童安置原则的条款包括:《1998年儿童和青年(照顾和保护)法案》第13条;《1998年儿童和青年(照顾和保护)法案》第83条;《1993年儿童保护法案》第4(5)条、第5条和第6条;《1997年儿童、青年和家庭法案》第9条;《2005年儿童、青年和家庭法案》第12条至第14条;《2004年儿童和社区服务法案》第12条;《2008年儿童和青年法案》第513条;《儿童照顾和保护法案》第12条。

法律的困境

美国联邦法院的案件是1972年威斯康星州诉约德案406 US 205。澳大利亚家庭式教育是ABC国家广播电台的主题,参见2012年1月29日的文章《背景情况介绍会》。

对土著儿童文化认同的尊重:一些问题

包括4名儿童在内的案件参见2011年公共服务部秘书诉萨丁

（Sanding）案 VSC 42。儿童安置原则使用的统计参见 2010 年《澳大利亚卫生和福利研究所 2008 年度～2009 年度澳大利亚儿童保护》，其还被北方领地的报告所引用。对土著儿童安置原则提出疑问的北方领地初审法官是希拉里·汉纳（Hilary Hannam），ABC 新闻于 2013 年 7 月 21 日报道。安置在养父母家后回归家庭的年轻女孩的案件引自《澳大利亚周末》2010 年 4 月 10～11 日的报道。对土著工作人员的评论引自奇泽姆《原住民自决与儿童福利：个案会议》（1987 年），载《澳大利亚期刊》第 17 期第 258 页。本章的引文来自北方领地报告。对民族自决的评论引自人权与平等机会委员会（HREOC）《带他们回家，关于土著和托雷斯海峡岛民儿童与家庭分离的全国调查报告》（1997 年）。

一种妥协？

本章再次引用了奇泽姆的报告。关于新的"被偷走的一代"的报告引自 2013 年 6 月 15 日的《悉尼早报》。该报告提到，土著儿童和托雷斯海峡岛民的儿童人口占有关人口的 4.2%，占所有被照管儿童的 1/3。

第二部分　关于决策的争议

6　另一个具有里程碑意义的案件：对父母权威的挑战

在1986年，英国上议院被要求裁决一个案件，该案由一名5个孩子的母亲吉利克（Gillick）女士拒绝一项政府的通告而引起。该通告允许一名医生在不经过父母同意的情况下给一名16岁以下的子女提供避孕器具并提供治疗。吉利克女士拒绝该通告的理由是其认为该通告损害了她对其子女的权威。她声称自己在任何情况下都不应该被排除在医疗的决策程序之外。她的态度是："当要对我的子女采取治疗时，由我决定将会发生什么。医生背着我提供器具和治疗是错误的。"为了从更广的角度提出请求，她提出了关于父母权威的自然性和延展性的问题。法律承认对父母权威的限制吗？该问题还引出了另一个问题，假如吉利克女士拒不实行管控，法律承认在一些情况下子女可以作出自己的决定吗？

对父母权威的再定义

和 J 诉 C 案一样，本案对于法院认真审查亲子关系是一项挑战：这种关系是如此"神圣"（使用 19 世纪的术语），以致父母的请求一般是不得被推翻的吗？

在考虑吉利克女士就其子女的医疗能否行使"一个绝对的否决权"时，一名法官回顾了部分早期关于父母权威的案件。在这些案件中，一名维多利亚时代的父亲被描述为以这种方式行使其权威：

> 他希望他的命令被不容置疑地遵守。如果一个儿子不遵守命令，他的父亲可以用一个先令来打发他。如果一个女儿有了不合法的子女，她的父亲可以把她赶出家门。

这种看法，即父母对子女的权威是绝对的，很早就被记录在历史书籍中。人们认为，在子女达到法定成年年龄之前，父母拥有"不断减少"的权利。

实际上，大部分明智的父母在子女成长中都逐渐放松控制并鼓励子女日益独立。另外，实际上，根据孩子的理解力和智力水平，父母对特定孩子的控制程度确实有很大不同。让法院不去承认这些事实是不现实的。社会习俗变化了，而法律应该且确实在这种变化非常重要时就已经考虑到了该点。

该观点形成了决定拒绝吉利克女士诉求的基础。

对一个21世纪的读者来说，这个结果似乎并不令人吃惊：任何其他的结果（反映对父母权威盲目顺从）都已过时了。但在裁决本案的时候(1986年)，这个结果却出乎预料。当该事件被诉诸法律，吉利克女士败诉之后，她提起了上诉，上诉法院的全部3名法官都支持吉利克女士。另外，在本案被提交英国上议院后，反对她意见的裁决也仅仅多得了一票，以3∶2通过。因此，如果我们做一个"人数调查"，在9名听证本案的法官中，仅仅只有4名法官拒绝她对否决权的请求。

上诉法院认为，对子女有监护权的父母"有权利也有义务决定其子女时间花费的地点和方式"，除非法院介入，否则该父母有权利"完全地控制其子女"。法官们也毫不怀疑地认为，在子女成年之前，只有法院才有权干预父母的权利。一名医生未经父母同意而提供避孕器具和治疗将"干扰"这些权利。

一名法官分析得更为深入。按照他的观点,提供"隐私的"避孕器具会破坏一个父母用恰当的道德标准培养子女的努力,这会威胁到家庭生活的稳定。吉利克女士知道什么是她女儿的最大利益。通过判决支持父母被视为促进这类利益的最有效的手段。该观点被参与裁决且支持吉利克女士的一名英国上议院的法官所接受。

> 对这个女孩了解最多、影响最大的父母被授权在控制、监督、指导和建议方面行使父母权利,这是为了在可能的情况下,使该女孩避免性行为直到她长大。

他并未止步于此,按照其观点,一名医生为一名 16 岁之下的未婚女孩提供避孕器具和治疗而不征得其父母同意的决定将持续性地非法干扰该父母的权利。

决　断

英国上议院的多数法官不同意上诉法院的观点,并就吉利克女士对政府指令的反对得出了其主张必须被拒绝的结论——她没有否定权。该结论对于我们在当前法律中理解父母权利的性质有着重要的影响。一名法官提供了一个现在已被广泛接受的解释:

> 父母控制子女的权利不为父母的利益而存在。它们为了子女的利益而存在,而且它们只有在让父母履行对其子女职责时才被视为合法。

本案所引起问题的答案不能再通过聚焦于"严格的父母"来找到了。解决这些问题取决于就什么是一名特定子女的最大利益作出判断。这需要一条灵活的路径。一个法院在面对希望对其子女实施控制的顽固父母时,应该询问该控制是否可以促进其子女的最大利益。吉利克女士对该权利的主张不符合这个标准。法律认为,在一些情况下,当子女已经成熟到可以作出自己的决定时,父母的控制应该放松。

父母对子女的权利出自父母促进子女福祉的义务:至上原则必须普遍存在。在该原则面前,父母对子女有绝对权威的观点必须让路。因为父母的权利源自其义务,所以这些权利只有在它们对子女保护有需要时才存在。父母履行其义务的一种方式就是鼓励有能力子女实现自治。父母利己主义流行的结果是不被接受的。用一名法官的话来说,至上原则"限制和管理父母权利的施行"。

这是一个与法律承认父母是子女自然监护人相一致的原则,但这也是一种警告,即父母权利必须在符合该原则的情况下行使,如果不符合该原则,该权利将被挑战甚至被推翻。

但是，在许多早期的判决中，也存在对父母独特角色予以承认的内容，如"没有人怀疑……在绝大多数案件中，子女利益的最好判断者就是其父母"。

重访吉利克

在吉利克案判决20年后，一位忧心忡忡的母亲向一项允许没有父母同意就为16岁以下的女孩提供避孕建议的政策发起了另一场"攻击"。她策划这次"攻击"的方式导致法院对父母有权参与为未成年子女提供医疗的任何决定的观点进行了重新审查。

阿克森(Axon)女士是5个孩子的母亲。在本案判决时，有两名子女还不满16岁。阿克森女士曾经流产过并对此遗憾不已。她希望确保自己的女儿们在她不了解或缺少她的同意时不必遭受类似的经历。很明显，如果她没有得到关于提供给女儿们的医疗手段和医疗建议的通知，她也就不可能提供指导。她提起"攻击"的路线和吉利克女士不同。

她主张除例外情况外,一名给她的未成年子女进行治疗和提供建议的医生在关于避孕和流产的建议上没有保密义务。她还进一步主张,该医生不仅应当被允许通知她,而且应有义务通知。她将关于保密的政策看作是对她作为父母权利的一种干预。她相信父母就其子女的医疗应该被通知应该成为一项普遍性规则。

来自吉利克案中对父母义务而不是权利予以强调的观点成为阿克森女士挑战的基础。阿克森女士的观点是,既然父母对于未成年子女有责任,那最好安排父母对子女进行引导和建议。父母有义务保护其子女,但如果他们没有被提供履行义务所必需的信息,那就无法履行该义务。简言之,阿克森女士认为,将其子女涉及性事务的咨询信息提供给她将对子女有利。她还认为,在促进家庭生活方面存在公共利益,"这就意味着法院不能批准就关于儿童生活的任何方面加以保密的主张"。保密对家庭生活是破坏性的。她认为医生应该保密的观点将破坏父母在建议和帮助其子女时所扮演的重要角色。

法官拒绝接受该观点。他认为这个观点与吉利克案是不一致的,而且吉利克案正确陈述了法律(尽管他也承认他被"家庭因素"的观点所吸引)。该案清楚地表明,一名医生可以在不经过父母同意的情况下为一名有能力的孩子合法地提出医疗建议。该法官认为,还有另外一个理由拒绝阿克森女士的请求,那就是有必要去适应一名不愿意通知其父母的子女。该法官认为,医生有为其病人保密的义务的这个观点应该占上风。从根本上看,对该义务的尊重,而不是对父母就参与决策过程的希望的尊重,将最利于促进儿童的福祉。

像本章早些时候就解释过的那样,在英国上议院决定拒绝吉利克女士之前,上诉法院一致决定医院不能在没有该母亲允许的情况下提供医疗建议。这意味着,在一段时间内,法律认为年轻人去看医生时并不能假定他们的咨询结果将被保密。处理阿克森案的法官审查了年轻人在涉性事务上寻求咨询时高度重视保密的证据,以及假如不能确保保密,年轻人就可能不去咨询的证据。事实证明,在上诉法院支持了吉利克女士的请求之后,16岁以下的女孩寻求避孕建议的数字就下降了几乎1/3。法官认为"就算不令人不寒而栗,也很令人不安"。这证实了他的观点,即法律规定医生应将保密的细节透露给父母可能会妨碍年轻人寻求医疗建议。

阿克森案增加了我们对吉利克案的理解。一种观点得到了认同,那就是,随着子女的成长,父母的权利"逐渐减少"且子女被允许寻求独立。乍一看,阿克森女士关于医疗保密损害父母指导子女努力的危险和家庭生活稳定重要性的观点很有说服力。确实,她提出观点的方式是对吉利克案所得出结论的重大挑战,尽管这种挑战失败了。在子女成熟时,家庭生活的性质也发生了变化,父母必须"退避"。至上原则优先意味着,就成熟子女的最大利益而言,一般来说,医疗保密的权利应得到承认。成熟的子女和成年人一样有保密义务,否认这一点将会拒绝吉利克要求改变对儿童的社会态度的呼吁。一名评论家曾称赞阿克森案的判决是承认有能力儿童的自治和权利之重要性的一种有力彰显。

一种修正的育儿观(和一些质疑)

在澳大利亚现行法律中,许多吉利克案中所包括的分析都被反映出来。在马里恩案中(第九章笔者将会探讨该案),高等法院承认,无论父母有什么样的权利,都是从其对子女的义务中产生的。该法院还承认,在子女接近成熟时,父母的权利逐渐减少。父母权利的存在仅与保护其子女的需要时长相当。父母关于在子女成年后仍保持对其绝对权威的主张将被拒绝。用高等法院一名法官的话来说,我们的法律承认"从童年时的行为能力有欠缺到成年后获得完全行为能力的过渡"。他还补充说:

> 在成年之前,法律能力的变化是根据特定事务的严重性以及特定年轻人的成熟度和理解力来确定的。

吉利克案中所确立的原则在澳大利亚法院处理涉及子女福利的案件中通常会被遵循。

对父母义务的强调也在成文法中得到了反映。正如笔者在第二章中已经解释过的,英联邦《1975年家庭法案》和两个州及两个领地的儿童保护法案都采纳了"父母责任"的概念。这个概念与吉利克案中提供的分析是一致的:在任何关于子女抚养问题的争议中,法院不能自动假定需尊重父母的权威,而是必须要问什么样的结果会促使父母们尽到其责任。他们行使权利的方式必须被重新评价,特别是在子女成熟时。

在讨论这些事务时,我们从《1975年家庭法案》关于"父母责任"的界定中无法获得帮助。该法案第61B条中将这个术语界定为"法律规定的父母与子女有关的一切义务、权力、责任和权威","权力"和"权威"这两个词都包括在内。一个奇怪的特点是忽略了"权利"这个词。这是故意为之,但正如一个家庭法院的判决指出的那样,"这样是否比清楚地表明不拥有对子女的权利更能获得实践的效果还存在疑问"。确认父母对其子女有权力和权威而没有权利,这是无差别地作出区分。

对子女作出自我决定的允许

当父母放松控制时,认识到有必要重新评估法律对父母该控制的态度,审理吉利克案的法院开始讨论一名成熟子女可以自由享有这种放松带来的好处以及作出自己决定的具体情况。

　　法院不得不面对子女逐步获得自治能力与权利的影响。这就决定了,当一名16岁以下的儿童"有足够的理解力和智力,就该行为意味着什么有完全的认知时",该儿童可以对是否接受及接受何种医疗行为作出有效的同意。在每个案件中都会被问到的问题是,一名儿童是否有能力作出独立的决定。

　　这种观点被广泛接受导致"吉利克能力"这个词被采用。在笔者仔细解释该概念之前,有必要解释在英国和澳大利亚一些地区所适用法律的一个重要特征。在这两个国家,议会都通过立法允许超过一定年龄的儿童对医疗程序表示同意。这些法律并不依赖一名儿童已经获得的理解力水平,而是明确了一个儿童可以同意接受医疗行为的年龄。这些法律旨在为医生提供确定性,特别是在一名儿童的父母对推荐的程序无法表示同意的情况下。这就说明了在吉利克案中16岁这个年龄的重要性。在英国成文法中,年龄到达16岁的儿童就能够对医疗活动给予"有效的同意"。仅仅是因为该份政府通告是适用于一名16岁以下女孩的避孕建议,该法院才去确定一个年轻女孩能够表示同意的具体情况。

　　如我们所见,法院的答案是"足够的理解力"测试。适用该测试,一个法院必须确定在考虑了所作决定性质之后,一名特别的儿童是否具有"吉利克能力",这需要法院灵活地表现。就像一名法官提到的,他不准备去决定,仅仅因为其年龄,一名16岁以下的女孩就缺乏同意采取避孕措施的权利。在未来,在一名儿童(不能作决定并依赖父母指导)和一名成年人(有能力作所有决定)之间,法律将不再画一条任意的分界线。

当涉及儿童时,需要的是一种个案化的方式。一名15岁的女孩可能成熟到可以对一个程序给予必要的同意而另一名女孩可能做不到。所建议的医疗程序的性质也必须考虑到,一名14岁的女孩可能拥有"足够的理解力"就处理一条断腿表示有效同意,但不能同意更复杂的程序。笔者将在第九章讨论两个涉及年轻人的案件时回到这个主题,这两个年轻人是生物学意义上的女性,但却认同男性的身份并试图获准通过治疗来去除其女性特征。法官的评论表示说,两个年轻人就这种类型的治疗没有表示同意的能力。

吉利克案表明有必要就引发争议的特别事实进行详细审查。该判决对应了一类特殊的医疗活动,但不是一般意义上围绕此类儿童医疗活动制定法律。本案的问题是一名16岁以下的女孩(不考虑其母亲的希望)就避孕用具和措施给予合法同意的能力。3名拒绝吉利克女士否认权主张的法官认为,在一些情况下,一名未达到法定年龄的女孩可以给予必要的同意,但他们表示自己的判断必须非常谨慎。

既然必须承认存在避免意外怀孕的需要,一名法官强调,一名接触16岁以下女孩的医生可以执行其标准。只有在该医生不能劝说这个女孩自己告诉父母或者允许医生去告诉其父母时,才可以考虑该医疗建议或措施。另外,还必须满足以下条件,即该女孩已经开始并继续性行为,如果她不采纳建议或医疗措施,其身体和精神健康将受到伤害。总之,在不能取得父母同意时,才由该医生来决定采取医疗措施是否符合这个女孩的利益。简单地说,该法官承认至上原则可以由其他人来适用。在父母不同意而具有"吉利克能力"的子女表示同意的情况下,"唯一可操作的做法就是委托一个有判断力的医生按照其认为什么是对该女孩最有利的标准来采取行动"。

另一名法官被允许年轻女孩避孕的道德和社会方面的考虑所困扰。谈及"足够的理解力"时,他解释说:

> 一名16岁以下的女孩要理解所给出的医疗建议的性质是有困难的,她必须足够成熟才能了解这些建议包含了什么。这里存在一个道德和家庭问题,特别是在亲子关系方面,还有伴随着怀孕和其终结所带来的情绪性影响而存在的长期问题。同时,还有在她的年龄下进行性行为的健康风险,这种风险通过避孕可以减少但却无法消除。

如我们所见,5名法官中有2名法官支持吉利克女士的主张。其中的一名尽管承认可以通过"足够的理解力"测试来判断,但很清楚地表达了他对于该女孩最佳利益的观点:

我怀疑,一名16岁以下的女孩,在被医疗科技可以保护她的身心健康的幻觉所强化,又因未经历青春期阶段的困难而忽略从幼年时期跳跃到成年时期的危险时,是否有能力就从事频繁、定期或偶然的性行为作出平衡的判断。有许多事情是16岁以下的女孩需要去尝试的,但性不在其中。

后来,该法官更简洁地说:

就一名,一名16岁以下的女孩没有能力去作出接受医疗检查和采取避孕措施的决定。

无论一个人对此有何思考,需注意的一点是,对"足够的理解力"测试的依赖将不可避免地存在问题,价值判断会影响这类案件的结果。法官不同意的决定总有可能被认为既不言而喻地不符合儿童最大利益又表现出一种无法完全理解所涉及内容的无能,或许该结论并非故意得出的。站在该法官的立场上,这样适用测试就承认了促进儿童最大利益的结果。实际上,该法官说:"这个孩子不能真正地理解她所作出的选择的全部的衍生性的后果。我比较清楚这点。"

当一名法官采纳该观点时会引起一个明显的问题,即如果成年决策者的观点可以推翻儿童们对独立尝试的主张,对"吉利克能力"

的承认是否已得到充分证明？笔者将在下一章讨论这种可能性。

注 释

对父母权威的再定义

英国上议院的判决引自1986年吉利克诉西诺福克和维斯贝克地区卫生局案1 AC 112。上诉法院的判决引自［1985］1ALL ER 533。早期拒绝维多利亚时代的态度和承认父母"逐渐减少"权利的判决引自1970年赫威（Hewer）诉布莱恩特（Bryant）案1 QB 357。笔者对吉利克案的分析受助于班纳姆（Bainham）的文章《不干涉和司法家长式作风》和奎特雷的文章《英格兰和苏格兰教学法》，载伯克思《责任边界》1994年第1卷第161页和第201页。

重访吉利克

该案件是2006年女王代表苏·阿克森诉卫生大臣案EWHC 37（Admin）；［2006］2 WLR 1130。关注案件并承认成熟的年轻人权利自治重要性的评论引自泰勒（Taylor）的文章《扭转从吉利克案的撤退？阿克森诉卫生大臣案》，载2007年《卫生和家庭法季刊》第81页。

一种修正的育儿观（和一些质疑）

高等法院采纳了吉利克原则的判决引自1992年卫生和社区服

务部秘书诉 JWB 和 SWB 案 175 CLR 218(马里恩的案件)。对忽略"权利"一词重要性的评论引自 Re B and B：Family Law Reform Act 1995[1997]FamCA 33。

对子女作出自我决定的允许

英国关于儿童有权同意采取医疗措施的法律条款是《1969 年家庭法改革法案》第 8 条。其第 8(1)条规定："年满 16 岁的未成年人，对于任何外科、内科和牙科的治疗，如果缺乏同意会对其个人产生持续性伤害时，可以像他已经到达合法年龄一样，允许个人作出有效的同意。"澳大利亚明确儿童可有效作出同意年龄的条文包括新南威尔士州《未成年人(财产和合同)法》第 49(2)条(规定年龄为 14 岁)和南澳大利亚州《1995 年同意医疗和保守治疗法案》第 6 条(规定年龄为 16 岁)。

7 关于子女自决自由的问题

吉利克案的判决告诉我们,一个有能力的女孩有权对避孕建议及治疗的提供表示同意。它还告诉我们,在其女儿作出同意的决定时,该女孩的父母无权否决。有人认为可以据此得出一个结论,那就是,任何具备"吉利克能力"的儿童现在可以自由地作出其决定了。但是,这个结论是错误的。

吉利克案的法院所解决的问题只是很具体的一个关于避孕建议和治疗的争议,而这与幼年时期的独立这一挑战性主张并不相关。

进一步而言,该法院不得不判定一个有能力的儿童对这种医疗程序的同意是否合格。这不是一个更复杂的问题,该问题在一个有能力的儿童希望拒绝治疗时被引发。在此情况下,法院作为成人世界的代表,发现其很难袖手旁观。法院可能会试图设法避开对不可避免的后果下结论,也可能会设法肯定儿童的自治,即必须自动地支持那些拒绝治疗的成熟儿童。

两个英国的案例可以说明法院对该问题的反应。这两个案例的判决已经成为大量评论的主题,也为仔细审查吉利克案的内涵打下了基础。

Re R

R是一个有精神健康问题的15岁女孩。经过当地福利机构一段时间的照料后,她回到了家但很快就逃走了,后来被警察在一座桥边找到,她威胁说要自杀。

她被安置在一个儿童之家但又潜逃了。她在家里杀气腾腾地攻击其父母。福利机构承担了该女孩父母的责任(这意味着它可以对任何必要的治疗表示同意)。

她被安排去了青少年精神科并被诊断为患有精神病。会诊医生要求福利机构同意对她采取抗精神病的治疗。最开始,福利机构决定可以同意,但该女孩打电话告诉社会工作者称她不愿意服药。该社会工作者认为该女孩听上去头脑清楚且有理性,结果该福利机构断定,不能违反该女孩的意愿而同意给她使用药物。

这件事被提请到法院,福利机构不确定它的权力并希望法官来裁决。问题在于该女孩是否有能力去拒绝治疗。一种观点认为,精神疾病使该女孩失去了能力,其父母(包括承担父母角色的福利机构)可以推翻她的拒绝并给予必要的同意。另一种观点认为,该女孩处于一种精神波动期,当其"头脑清楚并有理性"的时候,她就具有"吉利克能力"。照此逻辑,其父母(包括该福利机构)同意执行抗精神病治疗的权利就让位于该女孩作出自己决定的权利。要采纳该观点,就需要将吉利克案的判决同时适用于孩子同意和拒绝同意的情况。

最后,法院认定,该女孩没有足够的理解力去完全理解对所建议的治疗加以拒绝意味着什么。一个处于精神波动期的病人不能被视为具有"吉利克能力"。因此,法院确认,基于该女孩的最大利益应进行治疗,无论其同意与否。

这个判决确认了该女孩缺乏能力,这也意味着,法院并没有面对一个有能力的儿童冒着健康风险拒绝治疗所引发的问题。但正如笔者将要展示的,该案非常重要,因为它讨论了在存在此种拒绝时父母的权利和法院的权力。在回到本案的讨论之前,笔者将概述第二个案件,该案涉及一个看起来似乎有能力的儿童对治疗的一次拒绝。

Re W

本案有个不祥的开始,"命运对 W 非常残酷"。她的父亲在她 5 岁时去世,母亲在她 8 岁时也去世了。她和其兄弟姐妹被当地的福利机构照管并被安置给养父母。但这个安排出了问题，因为她的养母不得不因为胸部的癌症做手术，而当她 14 岁时，她非常依恋的祖父也去世了。

那年她患上了神经性厌食症，去诊所治疗也没有解决这个问题。快 15 岁的时候，她被安排住进了一个特殊的病房。她对工作人员施暴并开始伤害自己。她的临床心理医生离开了病房，5 个月后仍没有接替的医生。她的情况开始恶化，有一段时间靠鼻饲管进食，手臂也被包在石膏里。她被这个疾病所困扰并逐渐消瘦，且又开始对工作人员采取暴力威胁并被报警。

她的照管者预见到可能有必要采取她不会同意的治疗。福利机构(承担其父母责任)因此向法院申请，要求获批在不经过其同意的情况下把 W 送到特别的饮食失调病房并对其进行治疗。该案听证的时候她 16 岁，法官授权了转送和治疗，W 提出了上诉。

上诉案件听证时，W 的情况稳定或恶化得很慢。但是，后续她的病情很快恶化，体重也严重下降，可能她的生命都处在危险当中。

英国立法(在第六章中讨论过)规定得很清楚，一旦 W 年满 16 岁，她就有权表示同意，但问题在于有权同意进行治疗是否也就有权拒绝治疗。

上诉法院必须确认,如果其拒绝合作,W 的愿望是否应被尊重。福利机构希望有权同意在特殊病房采取必要治疗,W 则希望留在她觉得舒服的病房里。重要的事实是,她希望处在一个"她认为一切都在她掌握之中的环境里,在那里,当她觉得可控的时候她能够自我治疗"。一名法官评论说:"她似乎没有想到她会走得太晚。"他接着说:

> 神经性厌食症的一个特征就是,它有能力去破坏作出明智选择的机能,并制造出一种强制力去拒绝治疗或者认为接受治疗可能没有效果。这种态度就是该疾病的一种表现,疾病越恶化,这种强制力越大。

考虑到 W 病情的迅速恶化,法官决定不再遵循她的愿望,并同意将她移送到专门的饮食失调病房。作为对吉利克案中法律必须承认年轻人的发展成长能力这一观点的回应,他解释了其判决的基础:

> 青少年时期是一个从幼年向成年积极转变的阶段,需要生活的经验和智力与理解力的增长。因此,留给未成年人进行决策的范围也应该增加,因为只有通过作出决定并体验其后果才能获得决策的技能。在我将其放入论证过程中去的时候,我真切地认为"好的抚养应包括给未成年人尽

可能多的绳子让他们可以处理,而不会有他们会用来自己上吊的这种不可接受的风险"……法院首要和最重要的考虑因素是儿童的福祉或利益。我认为谨慎地给予孩子们最大限度的决策权也是不证自明的。谨慎不包括避免所有的风险,但确实应包括避免承担一旦发生就出现不可避免后果的风险,也避免承担和与承担这种风险所带来的利益不成比例的风险。

该法官毫不怀疑,在一些情况下,法院有权在有能力的儿童拒绝同意时授权进行治疗。

在本案中,W是否有能力并不清楚。她可能有足够的理解力来作出明智的决定,也可能没有。因为她已经16岁了,她被法律认定为能够对治疗表示同意,这可能也就意味着,在法律看来,她已经具备了相应的能力。但这并不是事实。关键点是,无论她是否有能力,法院裁决拒绝治疗的选择都不是她能被允许作出的。她未来的健康所面临的风险太大,不能把决定权交给她。

Re R 和 Re W:黯然失色的父母权利?

从表面上看,这两个案件的结果都没有问题,因为判决的作出都是基于什么是对女孩们最有利的思考这一前提。

这个观点可能被质疑。法官们有权以这种方式来确认结果吗？更重要的是，假如他们确实有这种权力，他们必须使用它吗？

很多评论家都把吉利克案解释为对成熟儿童给予自治权限并承认他们决策的权利：一旦具备必要的能力，该权利就从父母传给了子女。该案被普遍认为是承认儿童自治权的里程碑。这种解释被一名在唐纳德逊勋爵（Lord Donaldson）案中的法官所质疑，这个案件由探讨对医疗活动的同意之重要性而引发——当事人同意就授权一名医生采取医疗行为，没有取得同意（紧急情况除外），该医疗行为就是不合法的。用他的话说，同意是"一把打开大门的钥匙"。当一名年轻的儿童是病人时，其父母任何一方都是钥匙的持有者。吉利克案已经表明，当一名儿童足够成熟时，他或她也能成为钥匙持有者。

到目前为止的结论还在可接受的范围内，但这是引起恐慌分析的关键。该法官一直在考虑，一旦儿童具有了能力，法律对父母权威的态度应该如何。他表示，是否可以认为，一旦一名儿童能够对医疗表示同意，其父母同意与否的权利就"走到了终点"（换言之，父母就不再成为钥匙持有者）。英国上议院一份重要判决中的表达似乎可以支持这种观点，"吉利克能力"被解释为：

> 根据法律的规定，父母决定其未满16岁的未成年子女是否接受医学治疗的权利在该子女获得足够的理解和智力

能够充分理解所提议的内容时终止。

第一次看这个表述似乎很清楚,但唐纳德逊勋爵对其提出了质疑:

> 我不理解,该表述声称,如果一名儿童具有"吉利克能力",其父母终止的不是一项独立同意权,相反,是否决的权利。

该观点引发了争议,争议对象是两个词的含义——决定和终止。唐纳德逊勋爵认为"终止"一词并不必然意味着父母的决策权"走到终点"。他认为,在一名儿童获得能力时,其父母依然保有他们一直都拥有的权利:父母并没有不再担任钥匙持有者。如果子女拒绝给予必要的同意,医生可以从其父母处获得。父母仍有权决定准备提供给有能力子女的医疗活动,因为他们持续性地拥有"一项独立的同意权",他们失去的只是否决的权利。

该观点似乎有点吹毛求疵,玩弄文字。很多人都认为吉利克案的判决意味着,当一名儿童能够就一项特别事务作出成熟决定的时候,其父母关于该项事务的权利就"黯然失色"了。父母必须腾空这个领域的空间。然而,唐纳德逊勋爵的反对意见已经引起了广泛的注意。他在 Re W 案中重复了其观点,称吉利克案只是说,当其子女获得能力时,其父母失去就医疗行为表示同意的排他性权利。(但是,他也承认,自己"可能是错的"。)

对这两个案件判决的批评已经将其视为破坏了吉利克案中似乎已经确立的对儿童自决权的承认规则。在谈到 Re R 案时,一名评论者声称,允许父母保留同意的权利:

> 法院有效地移除了 16 岁以下具有"吉利克能力"的子女的自决权,并在子女和其父母间制造了一种关系,一种强调在子女能够执行日益增加的自我导向能力时,其父母仍可控制的关系。

另一名评论者提到,当一名有能力的子女拒绝同意治疗时,允许一名医生基于父母的同意而进行治疗"将有效破坏成熟的未成年人对父母希望为其作出的决定说不的能力"。允许这样做就代表"一种父母权利的回归"。这种观点被认为反映了一种不受欢迎的家长式作风而受到攻击。儿童要么有能力要么没有,假如他们已经有了能力,他们就能作出自己的决定。

反对这个结论就是认为儿童要违背自己的意愿而通过其父母的同意去经历侵入性的程序。假设一种情况,一个具有"吉利克能力"的女孩怀孕了,且不理睬母亲终止妊娠的要求。按照唐纳德逊勋爵的分析,医生可以获得母亲的决定并依法采取措施,该医生可以宣称,尽管这个女孩拒绝同意,但其母亲仍保有给予必要同意的权利。尽管从理论上讲这种结果有可能出现,但在实践中却不可能出现。这不是一个医生对不配合的病人施行治疗的问题。作为一种选择,该医生可能认定在这种情况下依靠该母亲的同意是不明智的。

对这种观点的所有回应都是把唐纳德逊勋爵的关注看作一种"挑剔"而驳回。但是此时驳回为时已晚:很难认定他提出的问题与一般意义上法律对父母权利和子女权利的理解没有关系。确实,一名澳大利亚高等法院的法官就表示过怀疑,在吉利克案中,"父母责任的首要性是否得到了足够的承认"。作为吉利克案的一个后果,对于有能力的子女,其父母已经被剥夺了所有的前述权利,得出这种结论是不明智的。甚至在涉及16岁、17岁子女的案件中,父母的权威在处理一些事务时有时会变小,有时又不会。

承认吉利克女士已经失去否定一项特殊治疗的权利并不意味着她失去了对女儿的全部权利。一名医生可能因为同情一个通过同意治疗来宣称其自治权的年轻人而合法地进行该项治疗。另一名对此不表示同情并相信父母权威的医生则可能尊重父母的希望并拒绝治疗。在这种情况下,亲子关系将持续性地具有某种重要性。在法律看来,18岁的人仍是个孩子,父母将继续在这个孩子的生命中扮演一个角色。

让我们暂时转移注意力,想象一个反叛的年轻人离家出走的场景。假设父母将此事诉诸法院,如果该子女被视为"有能力",法院就不会在力求解决该争端时使用父母权威的言辞,这种观点我们会接受吗?当子女成熟时,父母对其的全部权利和责任就消失了是不证自明的吗?

法院的角色

在儿童获得"吉利克能力"之后,其父母的权利是否存在?这个问题的解决会影响我们对于法院角色的认定。在像 Re R 和 Re W 一样的案件中,我们已经看到法院通过干预去保护儿童。当采取这种行动时,法院在发挥什么样的作用呢?有观点认为,一个法院在处理与儿童福利有关的争端时的任务就是像一个超级父母一样去行动,作出在该种情况下明智的父母会作出的决定。换句话说,法院站在父母的立场,接管了父母的角色并作出父母能够作出的和将会作出的决定。

这种解释的难点在于,它将法院视为行使父母权利的主体。如果我们同意吉利克案的结论——一旦子女获得能力,父母的权利便就此终止,那法院在此也就没有可供行使的权力了。如果法院只是充当父母的角色,当父母的权利已经失去时,法院也就无法主张。如果父母失去对医疗活动表示同意的权利,法院也一样。但是,如果唐纳德逊勋爵的分析是正确的,父母在子女拒绝治疗时仍有权给予必要的同意,这也是法院可以替代父母而行使的权力。

法律已经将这些问题放在一边并提出了一种强有力的解决方法。为理解这种解决方法,有必要了解一点法律的历史。几个世纪以来,我们承认高等法院承继了君主的保护权。该权力来自"国家亲权"管辖,也可以翻译为"国家的父母"。君主扮演好父母的角色,以保护那些不能照顾自己的人。当对君主的直接请求不再可能时,法院就承担了"国家亲权"管辖的权限,并特别在保护儿童时使用它,这是我们在 J 诉 C 案中已经看到过的(第一章曾讨论)。

重要的是,法院被认为有能力行使特别的权力,这种权力比父母享有的权利更宽泛。法院在处理家庭争端时宣称一种"理论上没有限制"的权威。他们已经不仅仅将自己视为父母的代替者,还能够做任何对保护儿童有必要的事。

"国家亲权"管辖被英国和澳大利亚所采纳。这种观点在 Re R 案和 Re W 案中成为最后的裁判依据。它也在马里恩案中被澳大利亚高等法院以判决的形式所接受。但这种对法院角色的解释仍然受到怀疑,特别是被一名在马里恩案中持不同意见的法官所质疑。该法官的意见将在第九章中被更全面地讨论。就当前的目的而言,这些意见似乎无足轻重。认为法院行使"国家亲权"管辖的权力比父母所享有的权利更宽泛的观念似乎已经确立并不可挑战。法院无须去询问自身是否可以比站在父母立场上做得更多。

为避免发生争议,在大多数情况下,拥有"国家亲权"管辖的法院可以作出其认为符合儿童最佳利益的任何裁判。这样的法院也可以推翻一个具有"吉利克能力"儿童的意愿。吉利克案似乎作出这样的示例——这些儿童的自治权必须让位于那些认为他们为保护儿童而进行干预是正当的法官所作出的裁决。

我们已经看到,对 Re R 案结果的批评和 Re W 案对父母就其具有"吉利克能力"子女仍保留权威这一观点的攻击。这些批评都反对上述观点中所暴露出的家长式统治。一个声称对这样的儿童行使权力的法院也会基于这一基础而遭到批评;真正承认年轻人自治的捍卫者同样可能抱怨政府的家长式统治。政府(假借法院的名义)将宣称其有权推翻一个有能力作出自己决定的儿童的意愿。一名对 Re W 案发表意见的评论者就曾抱怨说,她"被迫接受治疗"。

该批评反映了一个观点,那就是,成人的世界应该接受违反直觉的观点,并在一名儿童拒绝对治疗表示同意的时候接受承认"吉利克能力"可能带来的后果。一名儿童的同意或拒绝同意必须成为"同一枚硬币的正反两面"。正如 Re W 案中一名法官评论的那样:"从逻辑上看,同意治疗的能力和拒绝治疗的能力不能存在差别。"如果成熟儿童被认为有能力决定做什么事,他们也就被承认有能力决定不做什么事。

该评论把我们带回了"吉利克能力"测试的性质这个问题。为满足该测试的条件,一名儿童必须表现出"他或她有足够的理解力和智力完全理解所建议的治疗意味着什么"。一旦法院发现一名儿童通过了该测试,也就明显地表明它正在应对一名理解其决定影响的儿童。该法院如果宣称其有权力推翻这个儿童对治疗的拒绝是不符合逻辑的:在此情况下,对能力的确认就表明,该儿童应该被像对待成年人一样来被对待。任何一个有能力的成年人都有权以任何理由或者无理由地拒绝治疗,这一规则应该同样适用于被确认为有能力的儿童,但这并没有发生在 Re W 案中。一名儿童拒绝治疗的潜在可怕后果太大了,以致法院不能袖手旁观。照此观点,符合逻辑的方法就是放弃,由至上原则来接管。

一些问题

笔者对两个存在很多批评的英国案件(Re R 案和 Re W 案)的论述已经明确了由吉利克案所引发的问题。这些问题都聚焦于承认有能力儿童的自治所带来的影响。一旦子女获得能力,其父母的权威还剩下些什么?当法院不同意时,法院可否宣称有权推翻一个有能力的年轻人作出的决定?如果是这样,那么这对于吉利克案所似乎承认的自治释放了什么样的信号?英国上议院的结果表明,很需要一场旨在赋予有能力儿童自治权并承认在现代社会儿童有权作出决定的改革,对这个观点,人们接受的范围有多大?能否在为保护一名成熟儿童的最大利益而进行的值得赞赏的干预和等于家长式统治的不可接受的干预之间作出清晰的区分？在下一章，笔者将探讨澳大利亚法院应对这些问题的方式。

注　释

两个介绍性的案例

这两个案例引自 Re R（A minor）（Wardship：Consent to Treatment）［1991］3 WLR 592 和 Re W（A minor）（Medical Treatment：Court's Jurisdiction）［1992］3 WLR 758。

Re R 和 Re W：黯然失色的父母权利？

笔者在本章和下章关于"吉利克能力"的分析和对 Re R 案与 Re W 案的各种评论参考了格拉布（Grubb）《治疗决定：将之留在家庭之中》，载格拉布《卫生保健中的选择与决策》（1993 年）第 37 页；道格拉斯（Douglas）《从吉利克案的撤退》，载 1992 年《现代法律评论》第 55 期第 569 页；肯尼迪（Kennedy）《患者、医生和人权》，载布莱克本（Blackburn）和泰勒《20 世纪 90 年代的人权：法律、政治和伦理问题》（1991 年）第 90 页；布里奇曼（Bridgeman）《老到可以知道最好的？》，载 1993 年《法律研究》第 13 期第 69 页；埃凯拉尔《父母权利的消失》，载 1986 年《法律季刊》第 102 期第 4 页；班纳姆《不干涉和司法家长制作风》，载伯克斯 1994 年《责任边界》第 1 卷第 161 页；帕克

(Parker)与杜瓦(Dewar)《对 Re R(未成年人)案的评论》,载1992年《社会福利和家庭法杂志》第14期第143页。关于"父母责任首要性"的评论是布伦南法官所作的,引自1992年卫生和社区服务部秘书诉JWB案和SMB案175 CLR 218(马里恩案)。

法院的角色

"国家亲权"管辖的性质和它在澳大利亚法院的运用(特别是在马里恩案中)在第八章和第九章中有更全面的论述。

8 "仍是一个孩子"

在澳大利亚,有大量的案件涉及要求法院介入解决儿童治疗所引发的争端。笔者选择了一些表明法院行使其权力路径的案例。这些案例探讨了在吉利克案、Re R 案和 Re W 案中引发的问题。像英国同行一样,澳大利亚的法官们也要面对父母或子女拒绝同意治疗的情况。

笔者将从一件新南威尔士州的案件开始,该案和 Re W 案的情况很相似。

Y 的案件

Y 是一名厌食症患者。在 1999 年法院开始案件审理时，她 15 岁。她在 4 年前就已经患病，现在已经发展到厌恶进食和体重显著降低的地步。一名会诊的儿科医生在诊断后认为其问题主要是心理上的，没有发现物理性的诱因。该女孩的父母拒绝送她去看精神科的建议。她的体重继续减轻，并在 1 年后被送到了医院，此时她的体重只有 23 公斤，身体状况被认为"令人惊恐"。在医院，她靠鼻胃管进食。在严格的监控下她增重了，但她还是持续性地破坏性进食。一名会诊医生对她父母说，如果不同意一个治疗方案的话，他严重担心该女孩无法恢复。他向这个家庭推荐了心理辅导课程，但父母错误地认为，其女儿的问题是出在胃肠方面，故拒绝了该建议。

不仅没有遵循建议，该父母还把她接出了医院。5 天后，她的体重降了将近 3 公斤，然后又被送回了医院。那名之前照顾过她的会诊儿科医生都被她的样子"吓住了"。她特别苍白而且出奇的瘦。该医生认为，对 Y 的恢复而言，最大的障碍就是其父母的行为。他们支持素食并带食物到医院，Y 的父亲有时还会把医院提供的食物吃掉一部分。

从 Y 住院的第一天开始，他们就在想办法把她带走。有一段时间，该父亲还建议把她移送到一个疗养地，而该地的工作人员根本就没有处理青少年厌食症的经验。他们不仅总是抱怨医院的环境，不支持治疗方案，还鼓励女儿也提出抱怨。

父母的反对成功了，Y出院了，但其病情也没有得到有效的改善。她的体重减少得更多，所有劝她同意进入医院专门治疗厌食症病房的努力都失败了。后来，她在家晕倒。她因为脱水和严重的营养不良而加重了病情。作为紧急治疗，她被送到了特殊病房，此时她的体重只有20.5公斤。她的父母还是继续反对对她的治疗。判决提到"有经验的专家的努力反复失败，源自她父母不断施压的影响"。这可能使她的照顾者因家庭的反对而"疲倦"。这里存在一个重大的风险就是Y可能死亡。她不断地抱怨自己在医院接受的治疗。3个月后她就自己出院了，实际上是她逃离了医院并有段时间没有被找到。当她被发现后，她拒绝回到那个特殊病房。

在这个阶段，社区服务部将这个案件提请到了新南威尔士州最高法院。该法院将Y置于其照管之下（规定她受法院监护）。法院命令她作为住院病人留在特殊病房并接受会诊医生认为必要的治疗。该病房的职员被授权扣留她或将她带回医院，并可以采取合理的强制方法来这么做。法院声明，其命令无论Y是否同意都必须遵行。

该法官参照了19世纪英国的判决，引用了很长时间以来用来解释法院权力的词语。他提到"国家亲权"管辖权管辖"那些不能照顾自己的人……在那些清楚表明需要给予其照顾的案件中"。该法官肯定,从理论上看,澳大利亚没有对"国家亲权"管辖的限制。他毫不怀疑地同意这个观点,即他有权推翻一个具有"吉利克能力"的儿童作出的对医学治疗的拒绝。在此,他提到了 Re W 案并重申,神经性厌食症的症状之一就是病人希望"得到控制",Y 也表现出该症状:

> 因此需要一项权力在一些极端的案件中能够被运用,那就是在没有同意时法院可以命令该儿童进行治疗。首先和最重要的考虑是该儿童的福利、幸福和健康。该儿童意愿具有高度相关性但不具有排他性。

他重复了唐纳德逊勋爵(第七章引用)的话,即法律应该鼓励"在谨慎之下的最大决策度"。谨慎是指需要避免"可能产生不可挽回后果"的风险。

该法官清楚地表明他没有将 Y 视为具有"吉利克能力":

> 她的意愿被她所患的疾病所影响,这种影响表现为,阻止她认清自己的健康状况多么严重,也阻止她接受适合她的恰当的专家建议。推翻其意愿的正当性建立在有证据表明,如果不采取她所需要的治疗,她长期的健康甚至是生存都处于严重的风险之中。

反过来,他也评价了该父母的行为,"在任何一家 Y 住院的公立医院中,他们持续性地拒绝和破坏其女儿的治疗",因此,他认为,特殊病房的医生们首先应该能让 Y"从其父母破坏性的影响下获得自由"。他解释说:

> 我已经决定,在一段暂时的时间内,有必要限制她的自由并防止她的父母对她的治疗提任何意见或接近她(除非获得社区服务部的同意)。

该判决清晰地表明,该法官行使权力推翻了 Y 的意愿和其父母的意愿。

X 的案件

有一些案件中,法院不得不去处理子女和父母是某一宗教派别信徒时所引发的争议。笔者选取了一件最能解释"吉利克能力"的案件。

X 的年龄为 17 岁零两个月。在 16 岁时他被诊断为患有何杰金氏病。在住院治疗一段时间后(接受了化疗),他在缓解期出了院,3个月后旧病复发。X的父母给会诊医生写了一封信,表示接受非血液性的治疗。X和他父母都是某一教派的追随者,因此拒绝接受输血或血小板输注。他恢复了化疗,但为了避免需要输入血液制品,剂量比一般量少。治疗结果令人失望,不久后会诊医生就建议加大剂量。医生加大剂量的建议就意味着在一些阶段可能会需要输入血液制品。X和他的父母拒绝接受治疗。尽管尝试了其他的治疗方法,但该医生很快得出结论,他已经采用了医院允许用来挽救生命的所有治疗方法(除了输入血液制品外)。X很快因感冒再次住院并被发现严重贫血。尽管暂停化疗可以解决这个问题,但医生的观点是,只有恢复化疗才可以得到救治。X和他的父母反复要求让他接受"不流血"的治疗。该医生认为已经到达了需要输入血液制品的这个程度。如果医院"使用化疗来治疗他的癌症而又不输血的话,他很可能死于贫血。另一个选择是,X会死于癌症,因为他没有接受对该癌症而言最理想的治疗"。该医生还补充说:"如果选择最佳的治疗方案,X复发的癌症有40%~50%的概率被治愈。但是,X想避免输血的意愿使达到这一目标显得非常的困难。"当该医生询问X,如果要采取紧急输血他会怎么办的时候,他回答说他将会拔掉输液管。

医院把该事件提请到了法院,寻求获准使用血液、血液制品或血小板治疗。在"国家亲权"管辖之下,法院毫无疑问有权下达这样的命令。法官预言性地指出,他的职责是应用至上原则来对待该儿童的最大利益。在这种类型的案件中,法院有权同时推翻父母和子女的意愿。

该法官还特别询问了 X 是否具有"吉利克能力"。X 是校园暴力的受害者,曾在 8 年级的一段时间和整个 9 年级都接受家庭教育。在 15 岁时,他被分配接受一项为成年人设计的大学课程。这种分配仅在他成熟到可以和成年学生一起学习时才符合条件,他被认为在成年人的学习环境中做得很好。很明显,X 属于智力水平很高的人。他研究了自己的情况,想要保持控制。法官的结论是,他"明显是个成熟的未成年人"。

在经报道的案例中,这种类型很稀少。法官在处理这类事件时往往不会探求"吉利克能力"的含义,而是倾向于掩饰问题,且往往基于一个特定的儿童是否具有能力来确定什么是该儿童的最大利益。在此,该法官清楚地确认 X 已经成熟了。这就意味着,他有能力作出明智决定并拒绝接受输血。反过来说,这也就意味着法院没有干预的空间。法官的回应是,在一些情况下,推翻一名儿童的明智决定可能也是恰当的。

该法官的考虑是,终其一生,X 都被其宗教信仰所"包裹"。他的父母和朋友也几乎都有这种信仰。在他 13 岁时,他就询问过教堂里的年长者,他是否可以获准传道。他"在医院的房间里有块白色的写字板,他父亲把提及避免鲜血的圣经放在那里"。

该法官参照了一个英国案例,该案例涉及一个 14 岁的女孩,这个女孩在跌入一个很热的浴池后被严重烫伤。挽救她的生命需要进行手术,而手术则需要输血。她因是某一宗教的信徒而拒绝同意手术。法官听取了该女孩坚持其宗教信仰的证据,这种信仰在女孩的观念中是不能被公开讨论的。法官的结论是,她的观点在其家庭和所信仰的宗教这个封闭的世界里已经形成。法官认为"这种认识和以成年人经验而形成的意见之间存在差异",她对其自身情况的理解力受限于她有限的人生经验,结果是她的拒绝被推翻而输血得以授权进行。

X 案的法官被这种分析所影响,他认定 X 没有能力作出拒绝输血的决定。尽管其成熟和具有高智商,但在法律的眼里,X 仍是一个孩子。

> 尽管 X 有强烈和真诚的信念,他的父母对输血也持反对意见,即使这个命令的效果仅仅可以延长 X 的生命 10 个月,那时他已经成年并可能停止治疗,但我的观点是这个命令应该下发。"生命的神圣对我下发这个命令来说是比对个体尊严的尊重更为有力的理由。"

并不是所有的争议都存在于健康护理专家和对所建议的治疗基于宗教信仰而提出反对的父母之间,有两个案件可以说明这一点。

希瑟(Heather)的案件

希瑟11岁了,将近12岁。她有卵巢恶性肿瘤,部分肿瘤通过手术被切除,医院还建议她的父母对她进行化疗。尽管除了一个医生外的其他医生都推荐说化疗是恰当的,认为采用化疗治愈的机会估计有85%,但该父母还是对她接受化疗表示很不情愿。当她的主治医生意识到希瑟不会回来诊疗时,这个医生很关心并给家庭医生写了一封信。该医生安排预约时,希瑟的父亲说他已经预约了另一名采用替代治疗方法的医生。该家庭医生指出,尽管他发现希瑟和其父母都很拒绝这种建议,但还是应该继续化疗。

3个月后社区服务部开始介入,一份表达对希瑟没有接受必要医疗护理予以关注的报告也准备好了。此时,血检表明肿瘤已有明显的增大。

希瑟已经开始接受氧气疗法来作为替代治疗,这种治疗被安排在桑拿室(用她父亲的话说,这种治疗的基础是,细菌不会在氧气中生存)。她还被安置在一个特殊的机器中,该机器被设计为以消除"坏的细胞"为目标。该父亲还是很不情愿同意化疗,他需要有可以证明化疗有效的证据并声称该证据没有被提供。在他看来,化疗"是有毒的,将坏细胞和一样多的好细胞都杀死了"。希瑟也表示,她不希望接受化疗。在后续的医院预约中,一名会诊医生认为,延缓治疗将在实质上降低治愈的机会。很快,检测结果表明肿瘤还在继续长大。该医生声明,在一周内开始化疗势在必行。尽管事实上如果不进行化疗,希瑟就会因严重的危及生命的并发症而处于危险中,该父母仍不情愿同意。他希望有时间来阅读已经收到的医疗论文并就此和"各种顾问"进行讨论。

接下来的5天里,没有采取任何措施来开展被建议的治疗。社区服务部向法院起诉。新南威尔士州最高法院判令该部照管希瑟,要求将她带回医院,并授权该部门的官员根据医学建议对"这类医疗程序和治疗方法"在"就该儿童利益是恰当和需要的时候"给予同意。

一开始,该父母联系不上,法院在找到希瑟的祖母后给了她一份该命令的复印件,但她也声称不知道怎么找到希瑟的父母。法院指示所有收到该命令复印件的人需要立即向警官或社区服务部官员提供关于希瑟及其父母的信息。此外,警察和社区服务部官员还被授权采取各种合理方法寻找希瑟并将之纳入护理范畴。任何找到希瑟的人需立刻将她送到最近的医院或警察局。

在另一次计划的听证的前一天,希瑟被救护车带到了医院。专家检查时发现该肿瘤"在过去的 3 周内几乎增大了 3 倍"。他汇报说:"该肿瘤扩大的迅速程度使我毫不怀疑该儿童的生命遭受威胁……短期内我最关心的是她突然死亡的潜在可能。"该父亲的回应是,直到他向法院提交恰当的医学证据前,都没有收到允许化疗的命令,因此他需要更多的时间。他还希望有机会去探究在澳大利亚进行替代治疗的可行性。

法官同意化疗是一种非常重要的治疗手段,尽管该方式可能会导致副作用并有风险,但是,他也承认,在化疗和不采取行动之间不存在选择。"不采取行动,这个儿童就可能死亡。"他总结说:"延迟化疗和研究的时间已经没有了。该儿童身体所处的紧急状态让法院下令对她实施化疗是合法的。"他还补充说:"目前占优势的医学证据是支持进行该治疗。"

希瑟的父亲仍表示其没有被说服。在法院下发命令的当天,他安排律师给专家送了一封信,要求他承担化疗后果的全部责任。这份律师信还说:"如果该化疗导致了孩子的死亡或受伤害,我们将对你个人提起诉讼并索赔。"该律师信也以"医院全体职员"为地址分发到了整个医院。

该信的寄送导致法院下发了很明确的命令,表明该法院承担这个治疗决定的全部责任:

我命令法院授权执行对这个儿童的医疗程序和治疗方案,包括:(1)对该儿童施行化疗;(2)实施所有辅助化疗的测试、扫描和取样;(3)实施进行化疗所必需的辅助性医疗程序。

希瑟反对化疗的问题被提了出来。这里并没有提及"吉利克能力"。毫无疑问,法官有权推翻她的观点。

当把一个十一二岁儿童的意愿纳入考量是恰当的时,最基本的考察必须是该儿童的最佳利益是什么以及在法庭上出示的证据表明该问题的答案只有一个。

朱尔斯(Jules)的案件

朱尔斯是个新生儿,他的母亲是乙肝病毒携带者。朱尔斯有感染病毒的危险,在他没有接种疫苗的情况下,其有10%到57%的概率被感染。证据表明,一个母亲是乙肝病毒携带者的婴儿接种疫苗可以降低92%被感染的风险,且接种疫苗也没有被证实会有长期的伤害。他的医生们建议其接种疫苗,他们建议他接受维生素K的注射并注意监控血糖是否过低。

朱尔斯的父母不同意任何推荐的治疗。其母亲让父亲来决定,而父亲却拒绝同意接种任何疫苗。当朱尔斯2岁的时候，社区服务部的总负责人将此事诉至法院，请求法院授权医院实施乙肝疫苗接种、维生素 K 注射和血糖水平的监控。最初处理该案的法官下令实施乙肝疫苗接种，但却没有要求进行维生素 K 注射和血糖水平的监控。法官还下令让该父母带朱尔斯去医院，如果他们不这样做，社区服务部就被授权监护朱尔斯并将他送到医院。

次日，在朱尔斯的父母没有遵照法院命令时，该负责人又向法院寻求帮助。这次由另一名法官处理该事务。他被要求下令将朱尔斯迅速送到医院，还需授权新南威尔士州警局的所有官员截停并搜索车辆找到朱尔斯并监护他。

授权警方行动的请求引起了第二名法官的注意。他不同意一个执行"国家亲权"管辖的法院有权授权新南威尔士州警局的官员去寻找该儿童并监护他。他也不能授权警察去做他们没有被另行授权去做的事。他提出了一个与希瑟案法官的意见不同的观点。我们看到，在希瑟案中，法官对下令授权警察照管希瑟没有任何疑惑。

前文笔者讨论过关于准备保护一名儿童时法院权力范围的争论。该法官在处理朱尔斯时的保留意见表明了一个观点，即并不是任何一个法院认为有必要促进儿童福利的行为，就都是可以去做的。他赞同的观点是，法官在执行"国家亲权"管辖时的角色是"部分或全部承担关于其子女的父母的责任，如果不是基于该子女的最大利益,不能委托他人来行使"。他还继续陈述说:"在执行该管辖时,法院应像明智的父母一样尽力去行动。"他将此与笔者在第一章提到的"不干涉"政策联系起来,并认为"法院尊重父母的权威,出于对该儿童及其父母意愿的尊重,法院将在有必要的最小的范围内进行干预"。

该法官的裁决是,像明智父母一样行动的法院能够恰当地推断,接种乙肝疫苗是基于朱尔斯的最大利益所进行的行为。但这并不是事情的结尾。4天后,总负责人再次来到法院,但其这次请求取消接种。此时朱尔斯7岁了,医学证据表明在7岁后接种疫苗没有好处,法官勉强同意了总负责人的请求。

让父母带该儿童去医院接受医疗检查和评估的命令仍被执行。该父母仍在躲藏,他们最后出现在法院几乎是在3周之后。朱尔斯接受了医生们的检查并处于健康状态。社区服务部声明不再担心朱尔斯的健康。该法官对这一结论持保留意见,"尽管有强有力的医疗建议和法院的命令,但这对父母还是赌上过其子女的生命和未来的健康,在类似情况下很难有信心去确认他们不会再做一次"。关于乙肝疫苗的接种,他注意到该父母拒绝执行法院的命令太久,以致朱尔斯失去了任何接种可以获得的利益。"他们这才从躲藏中现身。"让该法官感到苦闷的是,该父母可以通过躲藏的方式来避开法院的命令。该父母给出的解释是,他们不认为其有义务遵照法院的命令,这个解释很"无力"。尽管有着"严重的保留",该法官还是勉强同意不需要进一步的干预。他指出,"我希望这对父母很清楚地明白,他们离陷入最严重的麻烦有多近"。

最后一个案件和 Re R 案有很多相同之处。

托马斯(Thomas)的案件

托马斯是"一个非常麻烦的男孩",接近 16 岁了。他存在逐步升级的自我伤害历史和严重的反社会行为,包括滥用药物、对照管者施暴和损害财产,且还曾试图自杀。他还患有多种疾病,如发育迟缓、抑郁和焦虑症。

最开始他由其外祖母照料。当外祖母无法照料他时,儿童法院启动了照管程序,命令社区服务部承担对他的主要责任(该外祖母还保留了一些责任)。这发生在托马斯 13 岁的时候,该命令持续到他年满 18 岁。

社区服务部对他进行了一系列的住宿安排,但都失败了。最后一次为他设立的一对一的照管也因为他对房屋的破坏而终止了,随后又出现了大量自我伤害的事故,一些还导致其住院和接受手术。他被送到了一个青少年精神健康机构,但他又因再次破坏住宿而被送到了一个成年人收容所。

社区服务部的总负责人采取了进一步的诉讼,这导致法院下令将托马斯无限期拘留在安全病房内,为其施行药物治疗和采取镇静措施。该命令还授权使用合理的强制措施。

该命令是一个法院旨在保护儿童健康而运用其权力的显著例证。该法官明显很在意他是否有权使用"国家亲权"管辖权去下令对特定主体进行无限期的拘留。很多判决都探讨了这个问题。引用一个英国的判决,该法官认为,法院应"像子女的超级父母一样来行动,其司法权的行使应该采用明智、充满爱心和细心的父母为了其子女福祉而行动时采用的方式"。但他也毫无疑问地认为,法院可以采取进一步行动。他同意"法院的权力可取代父母的权利和权力"。

在当前的程序中,总负责人寻求同意来将托马斯无限期地拘留在安全病房,并在条件许可时拘束他和对他采取药物治疗。这些建议(特别是建议无限期地将托马斯限制在安全病房)从行为到程序都超越了普通父母权威的范围,所以需要法院作为"国家父母"来支持。笔者赞同在安全病房内无限期监禁一个 15 岁的儿童使其不能依据自己的意愿而离开超越了父母责任的一般范围,需要法院的支持的观点。令笔者满意的是,在其宽泛的"国家父母"管辖权之内(法院的权力比父母权力更加宽泛),该法院可以授权这类监禁。

像 Re R 案中的法官一样，Thomas 案中的法官承认，"理论上，该管辖没有限制"。他还从 Re W 案和 Y 的案件（该案涉及患有神经性厌食症的女孩）中得到了支持：两个案件都下令拘留治疗。

在第二章，笔者解释了法院在应对涉及儿童案件时应考虑《联合国儿童权利公约》的必要性。该法官竭尽全力做到了这点，他注意到该法第 37 条规定，"不能非法地任意剥夺任何儿童的自由"。然而，他将这看作他保护和促进托马斯健康的任务。该法官认为，托马斯的权利没有被破坏，对自由的剥夺可以为了保护性的目的而恰当地进行。该法官认为对托马斯而言，没有其他的选择，所有其他的安置方式都失败了。"如果他不被置于安全病房的严格监督之下，他还将持续性地自我伤害，这存在潜在的致命影响。"

一些反响

通过这些判决可以清楚地看到，在极端情况下，澳大利亚法院对儿童的治疗给予同意。在这 4 个案件中，父母们都反对治疗，其中的 3 个案件中，儿童也拒绝同意。这些判决引发的问题关系到对父母意愿给予的权衡、法院对承认成熟儿童的自治权的态度和政府权力对家庭私密世界的干预。

推翻父母的意愿

这些法院推翻父母意愿的案件似乎都很明确。一般而言,法律会让父母去决定其子女的治疗活动。但正像吉利克案的判决所显示的那样,父母的权威不再是绝对的,只有当控制能使父母履行对子女的义务时,该控制才是合理的。我们看到了在吉利克案中法院是如何拒绝承认该母亲的否决权的:行使该权利不能促进其子女的最大利益。如果治疗活动有利于子女的最大利益,法院就可以以同样的方式来推翻其父母对必要治疗的拒绝。在这样做的时候,法官站在了父母的立场,并寻求作出一个智慧的、充满关爱的、明智的父母也将会作出的决定。在 J 诉 C(第一章讨论过)案中引用的一个最近的英国判决就说,法官在这类事务中必须像司法上的理性父母一样采取行动。

在笔者列出的几个案件中,我们已经看到,在父母拒绝同意而将其子女的生命和健康置于危险境地时,法官们毫不困难地决定最大利益考察的适用需要法院干预。父母们基于宗教信仰的反对和对建议治疗方式效果的怀疑不起作用。一个对这类裁决的批评意见指出,法院介入一个程序的授权可以反映出"一种假定,那就是由医学专家推荐的治疗必须总是基于病人的最大利益"。鉴于法院遵循的程序,这不足为奇。在医疗事务上,他们听取专家的证词并基于这些证据得出结论。任何试图对这类证据进行的挑战都是一个几乎不可能的任务。

这是一类特殊的事务,专家的证词被认为为其提供了确定性。医疗活动案件所提出的问题在法院的干预中似乎都被承诺可以有效地解决。在很多儿童保护的程序中,就什么是对儿童最好的这个问题,还存在可质疑的空间。例如,一个社会工作者关于是否将一个儿童安置在养父母处更好的证词就可能是非决定性的。但是当法院面对一个专家证明一项治疗措施(就像输一次血)是可行的,如果不采取该项治疗措施,该儿童基本上无法存活时,就显得没有质疑的空间了。一个医学证人能够提供确定性的证明,这是社会工作者所不能做到的。一个法官不会在这种情况下还认为有必要推测儿童的最大利益,故我们也不必再面对干预时的勉为其难了。

在医疗事件中有考虑父母想法的空间吗?一些例子阐明了这个问题。有一个英国的案例,该案中法院授权对一个患有唐氏综合征的初生儿实施救治生命的手术,但该儿童的父母很遗憾地拒绝同意,因为他们认为这个孩子一生都会很痛苦,不如就此死去。该法院毫无疑问会推翻父母的意愿,其认为实施手术就是为了该儿童的最大利益是不容置疑的。但该父母的观点站不住脚是不证自明的吗?在一个案件中,一个父亲拒绝给他的子女植入人工耳蜗,其中的文化性因素又是如何的呢?孩子的父母都深度失聪,该父亲希望在一个

"聋人文化"中抚养孩子,他不认为耳聋是一种残疾。在前文中(参见第五章),文化性的考量格外突出,父母的观点也被认真加以对待。我们可以重新审视希瑟案(该案涉及一个患有卵巢肿瘤的女孩)。专家预测治愈的可能大概有85%,假如情况有所不同而治愈率特别低,她的父亲不想让她承受化疗带来的风险和痛苦的意愿是否就能得到更多的考虑?

在这类事件中,支持父母反对的观点是,法院不能否认父母是唯一能够为其子女作出决定的人。这种观点在一个英国案件中被提出,该案涉及一个被检测为 HIV 阳性的母亲所生育的孩子。孩子的父母拒绝让其接受 HIV 测试,法院毫不困难地认定进行这项测试的理由是充分的。在承认"应邀推翻父母意愿的法院不得不特别谨慎"的同时,该法官接着说:

> 我们不是在谈论父母的权利,我们是在谈论该子女的权利……父母的观点,也不是大多数人的观点,在任何情况下都不能对抗子女接受恰当照顾的权利。该子女有权找到明智且负责任的人去查明她是不是 HIV 阳性……这个孩子有她自己的权利。

被讨论的这个案件已经涉及法院能够安心地授权的医疗行为,且还存在一些可以给不同意见以空间的地方。最近的一个案件提供了例证,表明在父母反对救治被诊断患有 ADHD(注意力不集中症)的子女时,可以不顾父母意见而采用儿童保护程序的可能性。一篇新闻报道提到了这一发展,并将之视为对父母意见决策的一个充满疑问的挑战。依照行为问题暗示着精神性疾病的假设,给父母施压去救治该儿童被攻击为是危险的;在过去被视为错误的行为可能并不需要"治疗"。这提醒我们需要对"专家"证据持怀疑态度。在天平的一端是引人注目的输血案例,在这些案例中,观察者可能会同意法律干预是合理的。在天平另一端的案例中,法院也可能恰当地认为,一项"不干预"政策才是更好的选择。

当然,所有的这些都把我们带回本书探讨的反复出现的问题中。笔者列明的医疗案件在对父母意愿的尊重方面说明了些什么?在信赖"父母一般而言知道什么是最好"这一众所周知的格言的情况下,家庭法院应该在什么时候进行干预,又应该在什么时候保持克制?

"吉利克能力"和自治权

本章讨论的案件不仅反映了法院的干预否定了父母的意愿,还反映了法院的干预也否决了青少年作出的拒绝决定。对此,我们怎么来理解?

吉利克案被称为是一个重要的发展标志,因为它的重要性已经超越了这个狭隘的问题,即允许吉利克女士低于法定年龄的女儿采纳她还不能理解的避孕建议是不是件"好事"。正如笔者在第七章所提到的,该案在承认儿童自治权方面被视为里程碑:它给成熟的儿童赋予自治权并承认他们有作决策的权利。通过此案,"吉利克能力"这个概念被广泛地接受。这个应该被回想的概念体现了这种观点,即当儿童已经有"足够的理解力和智力"能让他们"完全理解被建议的内容"时,他们就能对医疗活动表示有效的同意。

正如我们所看到的,在 Re R 案和 Re W 案中,对其判决的批评是反对在似乎有能力的儿童拒绝治疗时不能适用该测试。这被攻击为是对法律情愿承认"吉利克能力"的一种"倒退"。如果一个儿童被看作有能力,他或她就有和成年人一样的权利去拒绝治疗。确实,可能一个有能力的拒绝"应该并不比同意得到更多的考量"。推翻一项拒绝就意味着从智力和身体方面干涉一个人的自治权。

本章最开始讨论的两个案例暗示着这种观点可能不会流行。在这些案件中,法院都推翻了儿童对治疗的拒绝。可能这证实了一名美国法官的话是真实的——"法律的生命不是逻辑而是经验"。

这些拒绝的案件更需要进行进一步的审查。一个案例中,尽管法官明确地采用了"吉利克能力"的概念,但问题是,该儿童的能力并没有能够影响案件结果,这就是 X 的案件(一名 17 岁的孩子拒绝输血)。X 有很高的智商并且足够成熟,他有能力作出明智的决定并可能有"足够的理解力"去完全理解被建议的内容。但是,法官基于输血是最有利于他的最大利益这个基础推翻了他对治疗的拒绝。

英国的 Re E 案为该问题的解决带来了一丝光明。在该案中,法官力求阐明法院是怎样通过区分智力与表面的成熟和"现实的"理解力证明干预的正当合法。该案中的男孩(简称 A)将近 16 岁,患有白血病。他需要输血,而且若不这么做,其有很大的死亡风险。该法院讨论了他的理解力水平:

> 我发现 A 有足够的智力,能够就他自己的健康作出决定,但我还发现也有一些决定超过了他的能力可以完全理解其含义的范畴……A 对拒绝治疗意味着什么的全部含义不具备完全的理解力……A 对他遭受的痛苦没有足够的认识,对他将来经历的恐惧没有足够的认识,对不仅仅是恐惧带来的痛苦还有他这样一个可爱的孩子无助地看到他的父母和家人的悲痛后无法避免的痛苦也没有足够的认识……他只对自己将要死去这个事实有点概念,但就他死亡的方式、他的父母和家庭所承受痛苦的程度这些问题,我发现他没有能力把注意力转向这些问题,也不愿意去这样做。

这可以被视为为适用"足够的理解力"判断标准而做出的真正的努力,也可以被视为是这种情况的假象而被无视,即该测试"能够被制造他们所寻求结果的成年人轻易地操控"。在 X 的案件中，法院并没有彻底就该男孩缺乏"真正的"理解力展开分析。相反，法官将以什么最可能促进这个孩子的健康为基础去作出决定看作自己的任务。他承认该男孩接近能够作出成人化决定的年龄，他也承认"我应该因此而尽可能慢地去干预"。但他仍认为进行输血是为了这个孩子的最大利益所作出的选择。"我发现保护他不受自己的伤害对他的健康至关重要。"该法官强调风险的严重性。（在另一个新南威尔士州也涉及一个年轻人拒绝输血的判决中，法官直言不讳地说："应该救他一命，否则他将要死去。"）

另一个英国案例采用了类似的做法，但这种做法直接引发了一个疑问，即有观点认为，有能力的儿童可以被允许对治疗给予有效同意但不能表示拒绝。本案关系到一个聪明的 15 岁女孩，她因为心力衰竭而需要心脏移植，她"在自己所处的环境下不知所措"，拒绝同意心脏移植。她的会诊医生认为，除非在紧接着的几天内进行移植，否则她将在一周左右的时间内死亡。这个女孩说，她不愿意接受其他人的心脏，也不愿意用她的余生来接受药物治疗。"我不想死，但要我接受移植和接受别人的心脏，我宁愿死……如果我有了其他人的心脏，我将和其他任何人都不一样了……我有了其他人的心脏会感觉到不同。"法官承认接受移植手术和拒绝都存在风险。"还有一个风险是，她会在余生都带着一种对她所做手术的怨恨。"但这个风险必须和"确定性的死亡"相权衡。该法官授权医生在不经过她的同意的情况下使用捐赠的心脏进行移植（尽管有一个可操作性的问题，即在判决下发6天后仍未找到捐赠的心脏）。

除了就法院基于最佳利益的基础而加以干预的意愿提供了一个戏剧性的例证外，该案还有个特别有趣的地方，因为该法官顺便记录到这个女孩本可以给予必要的同意。对此进行过多的解读并不明智，毕竟当时需要紧急地作出裁决，故所有的重点都在于对她的拒绝作出恰当的回应。但是，法官并没有受到一名15岁的儿童具有同意该程序能力的观点的影响，这个事实值得讨论。她有"足够的理解力和智力"以使其能够"充分理解"所建议内容吗？她意识到了手术的风险和术后可能遇到如排异反应和需要终身服用抑制免疫力的药物的问题了吗？本案的结果反映出对吉利克案似乎承诺的自治权考虑不足了吗？是否属于这样一种情况：如果孩子的决定是"正确"的就会得到支持，否则就不会？

法院在应对有能力的儿童时发现存在两个互为竞争的需求——必须保护儿童但同时又要承认该儿童新近获得的能力。Re W 案中的一名法官对可能这样做的方式作了解释：

> 一般而言，基于最大利益的考虑，应让一个有足够理解力的儿童来作出决定，法院应尊重其作为一个人的完整性，并且不在像医疗一样的个人问题上轻易推翻其决定。如果这种治疗是侵入性的，那就更是如此。

按该法官的观点,应对有能力儿童的法院"将带着强烈的倾向去实现孩子的愿望"。他继续说:

> 然而,如果法院的权力是有意义的,就必然会得出一个观点,即从客观上考虑,即使法院不考虑儿童的意愿,也能基于该儿童的最大利益推翻它们。在该儿童试图拒绝治疗有极大可能导致其死亡或受到严重的永久性伤害时,很明显可以得出上述观点。

在这种情况下,摆在法院面前的需求就是矛盾的。一名审理涉及儿童案件的法官必须对儿童的意愿给予"应有的重视"(《联合国儿童权利公约》第12条规定的义务)。一个法院在宣称履行该义务的同时又选择推翻儿童的意愿,这似乎很难有说服力。但如我们已经看到的,这种情况常有发生。在Y的案件(涉及厌食症女孩)中,法官评论说,法院宣布儿童意愿无效的权力"行使得很保守且非常谨慎",然而,他认为有义务在那个案件中运用该权力。

保护性的本能将占据上风:当一名儿童的拒绝将其生命置于险境或有产生"严重而不可逆转的精神或身体伤害"的威胁时,法院将进行干预。在这些案件中,用X案件(一名男孩拒绝输血)中法官的话来说,生命的神圣是比尊重个体尊严更有力的考虑因素。

对此有一种解释。如果在与儿童打交道时,法律的首要目标是使他们成熟到成年,我们就不应让他们死去或永久性地伤害他们的健康。Re W 案中的另一名法官称:"对儿童福祉的保护至少意味着保护儿童的生命。"尽管我们同意,一个经过恰当设计的儿童福利系统将允许一个大一点的年轻人有犯错的自由,但也有一些错误他们不能犯。一种恰当的方式是说,当儿童不理性地行动时,法院将介入。但这样来讨论有点如履薄冰:一个无理的决定可能与成人世界中认为对一名儿童"好"的决定背道而驰。(为强调该点,我们应该讨论那个 15 岁的心脏移植病人关于"她无法面对"的感受是"无理的"吗?)另外,使用"不理智"作为测量标准就意味着放弃了调查一个特别儿童能力的需要。这样做的法院不再需要考虑儿童的能力,相反,它只需要去询问该儿童的决定会导致什么后果就可以了。一些对此的批评将之称为"家长制作风"。

回到对作出的医疗决定很特殊的讨论可能可以找到答案。法院依靠客观的医学证据可以自信地判断所建议的治疗是否符合儿童最大利益;允许儿童拒绝必要治疗会导致其生命或健康风险与儿童最大利益背道而驰。该儿童是否具备"吉利克能力"的重要性很小。

按照这种分析,涉及拒绝同意的医疗类案件,将使那些致力推动看似有能力以青少年自主权得到认可的人感到失望。当一个评论者于阿克森案(第六章讨论)中发现了在法律承认这种自治权的意愿上有一个"新的黎明"时,这个黎明在拒绝类的案例中却找不到影子。这并没有反映吉利克案对成熟期到来的渐进性和多变性的强调。当法官认为一个年轻人对治疗的拒绝将产生严重的生命或健康风险时,将根据其实际年龄来作出决定。一个 18 岁以下的人"仍然是个孩子",其不被允许在成年人可能做出拒绝的情况下拒绝治疗。吉利克案在一些方面强化了儿童在对抗父母和政府方面的地位,这是事实,但这并没有在本章讨论的案例中被看到。本章讨论的案例反映出,如果儿童有足够的能力作出其决定,那么,无论法院怎么认为,该儿童的决定都将主导该事务,这不是真实的情况。在 Re E 案中法院违背 15 岁男孩的意愿命令输血,但一旦该男孩到了 18 岁并拒绝输血时,他就会死去,这个事实反映出这种结果的专断性。

法院的权力

至上原则授予了法院极大的权力去行使"国家亲权"管辖权。该管辖权"理论上没有限制"的程度也得到了论证。本章讨论的案件表明澳大利亚的法院将推翻父母和子女(无论是否具有能力)的意愿,只要法院认为这样符合儿童最大利益。我们必须承认,自笔者第一章列出的案例被判决以来,法律已经有了很大的改变。医疗类案件无法显示出政府权力运用的不确定性。它们反映出一种对介入家庭私人世界的自信意愿。

在父母意愿被推翻的案件中,法院认为其自身不会比有责任的父母做得更多。法院偶尔还会强调需要谨慎。正如我们在朱尔斯案中看到的那样,法官承认尊重父母自治权的重要性并认为法院"只能在所需要的最低范围内进行干预"。在另一案件中,一名法官指出,法院在家庭决策中的干预具有"侵入性的特征"并引用一个1900年爱尔兰的判决警告说,这类干预只有在法院满足"儿童福祉需要悬置或取代其父母权利时"才存在。

在实践中,这种对长期建立的尊重父母意愿之需求的提醒并没有在医疗类案件中对法院产生重要的约束。在本章审视的案例中,父母是涉及其子女事务的自然决策者的观点并没有显著地表现出来。另外,在这两个案件中,法院不仅推翻了父母的意愿,还声称其拥有比父母更多的权力。在希瑟案中,法院认为可以让主管机构取得对女孩的监护权以便让她接受治疗(尽管在"朱尔斯案"中法官表示了对这种权力的保留),但更重要的是,法官在"托马斯案"中所作出的判决。在那个案件中法官的结论是,他有权下令"永久拘留"托马斯。这是"国家亲权"管辖权在范围上令人震惊的证明。

可能更值得注意的是,法院在具有"吉利克能力"的儿童面前所扮演的角色。当一名年轻人有了"足够的理解力和智力"去作出其决定时,我们已经看到其父母的权利是如何"让位"、权威是如何消散的。但现在发展到了法院的权威不会"让位"的阶段,法院声称,其有权推翻一个有能力儿童作出的决定。

就对十几岁的青少年自治权的承认而言,法律是矛盾的。尽管法院承认有必要对儿童的看法给予"应有的重视",但当它们认为儿童对治疗的拒绝会引发死亡或严重伤害的危险时,它们还是会干预。在这种情况下,法院在确定儿童是否具有"足够的理解力"去把握其选择的含义时,所拥有的灵活性就允许法官有充分的权力去推翻一个有能力儿童拒绝同意的决定。一项在成人世界不被承认的决定能够被推翻并不是基于对儿童最大利益的不证自明。

一方面,吉利克案给予了成熟儿童在医疗事务中一定程度的自治权;另一方面,法律又将之拿走了。一些批评性意见认为,这可被视为"政府性家长式统治"来加以批判。或者,将拒绝性的案例看作体现了法律对如下常识所进行的无争议的应用:18 岁以下的人仍然是个孩子,至上原则必须得到遵循。

注　释

Re R

Re R 案参见 Re R(A Minor)(Wardship:Consent to Treatment)[1991] 3 WLR 592。Re W 案参见 Re W(A Minor)(Medical Treatment:Court's Jurisdiction)[1992] 3 WLR 758。二者都在第七章被讨论过。

澳大利亚的案件

在讨论澳大利亚的案件时,笔者遵循了法律报告的惯例,在每个案件中儿童的身份都被隐藏了,有时法院使用了假名(如托马斯),有时使用了姓名的首字母(如X)。

Y的案件

医生们诉Y案[1999] NSWSC 644(该案是用Y这个名字报道的),诉讼双方分别是新南威尔士州承诺服务司司长和Y、Z以及X的父母。为了避免和第二个案件搞混,笔者将该女孩叫作Y,她也就是报告里的"X"。应对"国家亲权"管辖的英国案例是,1827年韦尔兹利(Wellesley)诉贝托公爵(Duke of Beator)案,2 Russ 1;38 ER 236。

X的案件

2013年悉尼儿童医院网络(兰德威克地区和威斯特米德)诉X案 NSWSC 368。英国案例参见 Re L [1999] 2 FCR 524。另一个案件是:1999年社区服务部总干事诉"Bb"案 NSWSC 1169;2004年卫生部部长诉As和阿诺尔(Anor)案 WASC 286;2005年皇家亚历山大医院诉约瑟夫(Joseph)案 NSWSC 422;2005年皇家亚历山大医院诉J案 NSWSC 465;2008年 Re Paul 案 NSWSC 960;2009年 Re Bernard 案 NSWSC 11。在一些州和领地,当需要紧急输血时,立法规定了一套简化程序,如《1998年儿童和青年(照顾和保护)法案》第174条和1982年西澳大利亚州《人体组织和移植法案》第21条。

希瑟的案件

2003 年 Re Heather 案 NSWSC 532。

朱尔斯的案件

2008 年社区服务部总干事, Re Jules 案 NSWSC 1193。

托马斯的案件

2009 年社区服务部总干事, Re Thomas 案 NSWSC 217。英国的判决参见 1893 年 R 诉金盖尔（Gyngall）案 2 QB 232。

推翻父母的意愿

关于"司法上理性的父母"的陈述出自 1970 年 J 诉 C 案 AC 668 并被 Re E 案引述（见下文）。关于对假设推荐的治疗总是基于父母最佳利益的评论参见布里奇曼（Bridgeman）《老到可以知道最好的?》，载 1993 年《法律研究》第 13 期第 69 页。涉及唐氏综合征儿童的案件是 Re B（A Minor）（Wardship: Consent to Treatment）[1981] 1 WLR 1421。关于人工耳蜗的案件是 L & B [2004] FMCA fam 312。拒绝做 HIV 测试的案件是 Re C（HIV Test）[1999] 2 FLR 1004; noted [2000] Med L Rev 120。关于患有 ADHD 儿童治疗的报道参见福里迪（Furedi）《孩子需要的不是毒品，而是良好的父母教育》，载《澳大利亚周末报》2011 年 11 月 26~27 日, 第 24 版。

"吉利克能力"和自治权

"适当的拒绝应比同意更重要"的观点参见道格拉斯（Douglas）《从吉利克案的撤退》，载 1992《现代法律评论》第 55 期第 569 页。

"法律的生命不是逻辑而是经验"的观点参见小奥利弗·温德尔·福尔摩斯《普通法》(1881年)。讨论X案件中15岁男孩的理解力水平的案件是1993年Re E(A Minor)(Wardship：Consent to Treatment)1 FLR 386。这个案件是伊恩·麦克尤恩(Ian McEwan)的小说《儿童法案》的基础。"足够的理解力"测试能够被操纵的可能性参见格拉布《治疗决定：将之留在家庭之中》，载格拉布《卫生保健中的选择与决策》(1993年)第37页。这个男孩"否则会死去"的评论参见2005年皇家亚历山大医院诉约瑟夫(Joseph)案 NSWSC 422。女孩拒绝心脏移植的案件参见1999年Re M(Child：Refusal of Medical Treatment)2 FCR 577;52 BMLR 124。"新的黎明"的预言参见泰勒(Taylor)的文章《扭转从吉利克案的撤退？阿克森诉卫生大臣案》，载2007年《卫生和家庭法季刊》第81页。

法院的权力

在第七章，我们遇到的观点是，法院在"国家亲权"管辖权之下所拥有的权力在"理论上是没有限制的"。在检视Y的案件、朱尔斯案和托马斯案时，笔者用很简短的理由说明了法院对由州最高法院来行使该权力的讨论和由澳大利亚家庭法院(根据《1975年家庭法案》第67ZC条)行使的类似的"健康"管辖权。对这两种管辖权的分析在医生们诉Y案的判决中，参见1992年卫生和社区服务部秘书诉JWB和SMB案(马里恩案)175 CLR 218;2004年移民、多元文化和土著事务部部长诉B案219 CLR 365;2011年Re Baby D(No 2)案

FamCA 176;2001 年 Re Jessica 案 NSWSC 1207。在马里恩案中,布伦南法官对法院在"国家亲权"管辖权和福祉管辖权之下所拥有的权力的范围持保留意见,他的观点将在第九章中阐述。提到法院干预的"侵入性质"的案件是 2008 年 Re Paul 案 NSWSC 960,该案被引述在,re O'Hara 1900 2 IR 232。后一个案件的评论意见被布伦南法官在马里恩案中采纳。

9 父母的权利:一些限制

如同我们在前几章见到的,父母应该基于其子女的最佳利益而对医疗活动给予同意,如果他们不这么做,法院就会充当他们的角色并表示同意。

在描述父母角色的时候必须为父母增加这一个资格——可以对医疗经历给予同意。在一些医疗程序中,父母可能没有给予有效的同意。在律师看来,对这些程序的同意"超越了父母的权利"。为了理解这一点,我们必须审视澳大利亚最高法院在马里恩案中的判决。

马里恩14岁了,有严重的智力残障,加之她还是个聋人,有癫痫、步态失衡并显示出行为问题,她不能照顾自己。她父母决定为了她的最大利益安排她做子宫和卵巢切除。

计划子宫切除是为了避免怀孕和月经,切除卵巢"旨在消除后果性压力和行为反应的稳定荷尔蒙指数"(作为简写,在整个判决中使用术语"绝育"来描述这些计划的程序)。最高法院被问及,虽然马里恩明显没有能力表示同意,但是其父母是否能够合法地同意其绝育。最高法院还被问到,如果父母不能这么做,法院(本案中是家庭法院)能否给予同意。

如果一个儿童不具有"吉利克能力",法律在接受了常识性的观点后认为,一般而言,其父母能够就医疗活动给予同意。这是可以确保儿童得到其所需治疗的最好的方法。这种解决方法反映了家庭这个"社会的自然性和基础性的组织单元"的自治权,并承认父母应有必要的权利,因为他们处于能够理解其子女需要的独特地位,有义务去保护其子女,这样也就可能作出正确的决定。

父母作出同意的权利建立在允许将有利于子女最大利益的治疗这一基础之上。父母无权同意不符合该描述的治疗。正是这个必要条件引发的问题不得不需要法院来裁决。如果马里恩的绝育很明显符合她的最大利益,她的父母就能够表示同意。为了确定情况是否如此,法官们区别了"治疗性处理"和"非治疗性处理"。治疗性处理被设计用来增强或维持病人健康,被用于同"身体出现故障和疾病"作斗争。当父母就这类治疗表示同意时,法院不应当干预。

绝育程序应怎么来界定呢？若它不是旨在处理"身体出现故障和疾病"，那它属于"非治疗性处理"，故父母不能被允许作出同意的表示吗？7名法官中的4名给出了这样的回答：

> 按照我们的观点，允许他人绝育的决定中包含了多种因素，这就意味着为了确保对儿童利益的最佳保护，该类决定不应包括在父母有权同意的医疗活动的普通范围之内。

他们接着解释了为什么绝育是一个特殊的类型。该程序是重要的、侵入性的和不可逆的，而这只是出发点，虽然该描述符合很多父母能够毫无疑问地同意的手术类型。另有因素将绝育标记为一类特殊情况。但至关重要的是，这里存在作出错误决定的重大风险。这种决定的影响特别重大，绝育的决定并不只是一个医学上的决定。"绝育的后果不仅仅是生物学意义上的，还是社会和精神意义上的。"

法官们说明了犯错的风险。一个被认为残疾的儿童可以获得或今后可以获得能力来作出必要的同意。在过去，"一些绝育手术做得太容易"，儿童作出同意的能力被错误地评估了。这也是子女和其父母之间一种利益冲突的可能性：有观点认为，是为父母的利益而让马里恩绝育（因为这样可以让其父母更轻松地管理和照顾她）。法院的干预提供了最佳的保证，即使存在冲突，儿童的利益也将占据上风。

法官们裁定,因为该事件的复杂性,特别是需要保护马里恩的"基本的人身不被侵犯的权利",她的绝育需要法院批准。法官们清楚地表明,他们并不认为绝育是为治疗某些疾病或故障而进行的手术的副产品,这类手术应被视为"治疗性"的,有父母的同意即可。但这与马里恩的情况不同,所以要另行寻求同意。这4名法官同意澳大利亚家庭法院有权表示必须的允许,法院能够通过行使对等的"国家亲权"管辖来这么做,该管辖权在第七章和第八章解释过。

该裁决引起了我们在前面章节中见过的讨论。法官们同意,在"国家亲权"管辖适用于儿童时,"理论上不存在限制"。家庭法院有义务照顾那些不能照顾自己的儿童,这就包括了照顾像马里恩这样的孩子。在扮演这个角色时,法院"可以在父母无权同意手术和有权同意手术的情况下行使管辖权"。如果它认为这有利于这个女孩的最大利益,它就能允许绝育。

另外3名法官表达了保留意见,这些保留意见阐明了本书主要问题中的一个,即在什么情况下,法律放弃了父母应对作出影响其子女的决定承担责任的假定?

对这些法官中的两位来说,很明显,在大部分情况下,关于一个智力残障儿童是否绝育的决定应让其父母作出。用法律语言来说,父母是医疗事件中"权利的适当存放处"。法院只有在一个计划的程序不是基于儿童最大利益而作出时才能进行干预。对这些法官中的另一名而言,在手术性绝育是基于女孩的最佳利益还是相反的情况之间作出区分通常是可能的。通过了这一测试,父母就能够作出必要的同意,法律不应该在寻求法院同意上增加"不合理的负担"。

另一名法官有类似的观点。他接受父母可以对一个智力残障女孩的绝育给予合法的同意,如果该举措出于保护她健康,保护她免于痛苦、恐惧或她不能合理承担的不安的需要。假如她永远无法理解性关系和怀孕,这样做也能消除该女孩怀孕的现实风险。用该法官的话说,在这种情况下,基于儿童的最大利益而论证绝育的问题是"令人信服的"。什么是可以继续充分有说服力地允许父母作出同意的情况还需要进一步弄明白。

他承认,在有疑问的情况下,家庭法院能够允许该举措,然而,法院不能被通常地认为是在该类事件中的"权利的适当存放处"。法律应该保留对父母权威的尊重。他不喜欢法院基于一名法官认为是最好的就承担决策责任的观点。由于父母必须持续承担照顾其子女的责任,决定应该由他们而不是法院来作出。

布伦南法官采取了一种不同的方式。他指出,最佳利益测试提供了一个不可靠的指引。他警告说,依赖决策者(无论是法院还是父母)的"独特"观点是有危险的。他进一步认为,该方法提供的是一种对智力残障儿童"虚无的保护",并且拒绝在这种情况下允许"非治疗性"绝育的可能性。"我不能将一个可辩解的案件视为理所当然",这类举措"将严重侵犯身体完整性并导致对人格尊严的严重损害"。法律必须对身体完整和人格尊严给予优先权,即使这样将增加照顾智力残障女孩的父母和其他人的负担。他因此得出结论,允许这类女孩绝育的范围以治疗性绝育为限,不能更大了。

下一步需符合逻辑。父母可以给予必要的同意,因为正如我们所看到的,父母可授权对不具备能力的儿童进行治疗性医疗。无论是否包括绝育在内,他们都可以这样做。如果对一项程序是不是"治疗性"的(这是父母可以依法作出允许的类型)存在疑问,可要求家庭法院来决定。在这种案件中,法院将监督其行使权利的方式。

该法官同意,这类监管在"国家亲权"管辖下提供并参考了一段论述(第八章引用过),即法院"作为最高父母"必须以一种明智的、充满感情的和对其子女健康充满关心的父母会采取的行动那样的方式去行使其权力。这就将法院的角色视为站在与父母相同的立场。虽然有权允许治疗性绝育,但是父母仍缺乏允许非治疗性绝育的权利。如果是这样,该法官的问题是,法院怎么才能主张这种权力?他评论说:

> 唯一的答案是,一个行使"国家亲权"管辖的法院享有比在与其子女相关事务上可信赖的父母更宽泛的权力。这一主张在法律上是错误的,其社会影响是令人不安的。

他被这种观点所困扰,那就是认为法院可以主张一种儿童的父母都不能拥有的权力,"仅仅立足于此实施起来似乎符合该儿童的最大利益"。但他通过引述一个对法院正在成为一种"帝国司法"的危险提出警告的法官的观点,来回应在一件美国的绝育案件中所表现出的社会关注点,他解释说:

> 法院是国家权力的工具,除了基于治疗的目的外,国家权力被允许干预任何主体人格的完整并不是不证自明的。如果可以行使这种权力以确保法院可能认为是智障儿童的福祉,类似的权力可否为确保任何儿童的福祉而行使?

布伦南法官的结论是,如果父母无权对子女的一项医疗活动表示同意,那么法院也不可以。就法院角色的问题,他也因此和其他法官的观点有实质性的不同。他不同意法院有比父母更大权力的观点,因为法院并不拥有一种"理论上不受限制的"管辖权。在后来的一个案件中,他在判决中回到了这个主题:

> 以这样的命题开始是不恰当的,即认为如果父母不能对该程序表示同意,就必须让法院有一种权力——允许对儿童进行非治疗性的绝育。以这种假设作为开始,即认为如果没有其他适格机构,该权力必须委托给法院,这是一种谬误。从原则上说,一种权力仅仅因为其可用就被视为是必需的和方便的,因此假定应将之委托于法院,这是错

误的。

布伦南法官的结论反映出对法院能够干预家庭私人世界的深切怀疑,尤其是在这种干预是依赖于"最大利益"这个有无限弹性标准的产物时。马里恩案所反映出的争议强化了他提出的观点。其他法官对该标准的合法性没有表示疑问,但他们对该标准如何在本案中适用存在分歧。阅读不同的判决就可以发现,在 7 名联邦最高法院的法官中有 4 种不同的意见。

一些例证

虽然这个关于父母和法院判决的讨论特别有趣,但布伦南法官的观点不能代表澳大利亚当前的法律。马里恩案中主要的判决认为,虽然父母可以对"治疗性"护理(对身体故障或疾病的治疗)表示同意,但他们对不符合该描述的其他治疗缺少同意的权利。当允许一项医疗程序超越父母权利时,法院可以给予必要的同意。法院不仅可以承担父母的职责,还可以拥有比父母更大的权力。

因此,马里恩案的结果是,在对任何不具有"吉利克能力"儿童的治疗产生争议时,必须区分"治疗性"护理和其他形式的护理(通常被称为"特殊医疗程序")。该判决很清楚地指出,安排一个身体出现问题或生病的智障女孩进行绝育是一种"特殊医疗程序",这需要法院的同意。自澳大利亚联邦最高法院作出该判决后,大量的判决都以医生依赖于父母的同意来施行这类程序是不合法的这一观点为基础来进行认定。

笔者无意在此细究这些案件,相反,笔者将介绍一些当其他形式的治疗被建议实施时法院所作出的判决。当法院被问及父母是否可以表示同意或者同意是否只能由一名法官作出时,这些判决可以使法院所面对的困难更清楚。

A 的案件

A 曾被诊断患有先天性肾上腺皮质增生症,该情况可能导致"在出生时极度的男性化"。A 的案件中就发生了这种情况,根据其生殖器的外观,A 被登记为男性,而事实上 A 是一名女性。尽管经过治疗,但 A 还是存在"反复男性化"的情况。在 A 14 岁的时候,A 的母亲诉请法院来确定,是否同意进行手术(包括子宫和卵巢切除)以使 A 拥有男性的身体特征。A 也确定自己"作为一名男性将会更好"。医疗证据显示 A 的观点是"有理由的"。A 曾经有过自杀的想法并有一种去实施手术的压倒性的期望和愿望。

尽管 A 对所建议的内容有一般性的理解,但对于 A 是否有"足够的能力和成熟度去完全理解该事件的所有方面",法官并不满意当前的论据。A的母亲有权同意该手术吗?像马里恩案一样,焦点在于所建议的治疗的性质,因为它包括绝育。最高法院的指引被遵循了。该治疗需要进行"侵入式的、不可逆的大手术",关于什么是A的最大利益有极大的风险作出错误的决定,而这种错误决定的后果将特别严重。法官因此裁定,该决定不属于父母有权同意的医疗活动的普通范围。法院的许可像一种"防卫措施"一样是必需的。

医学证人同意,该手术基于A的利益而言是"高度需要"的。对法官而言,最重要的事务是A的情感和心理状态。他通过询问"如果我……不同意该申请对A会产生什么样的后果"作出了他的裁决。他给出的答案是,这可能有"非常严重的后果"。A"有可能被毁掉":A就社会和生物性认同的感受及自尊在很大程度上都取决于该手术的实施。基于A的利益,施行该手术是"势不可当的"。该法官因此同意该手术应被允许。

亚历克斯(Alex)的案件

亚历克斯被诊断患有性别认同障碍,尽管其在生物学意义上是女性,但其认为自己是男性。在他13岁时,经法院同意,他接受了激素治疗。现在,16岁的亚历克斯想要进行乳房切除:亚历克斯被称为"对自己的男性身份认同坚定不移并渴望做乳房手术"。

法官承认,如果该手术是可以由父母或监护人作为父母职责的一般性履行而允许的类型,则不需要法院的许可。像 A 案件中的治疗一样,该治疗被确认为是侵入式和不可逆的并无法避免风险。更重要的是,法官不可能将之描述为对"身体故障或疾病"的治疗。她因此裁定对儿童施行这种类型的手术只有经过法院的允许才可以。

下一步就是询问乳房切除是否符合亚历克斯的最大利益。在和同龄人一起参加活动时,乳房切除将使亚历克斯感到更加舒服。如果不施行该手术,其将有遭受心理伤害的风险。法官认为,亚历克斯的生活方式将通过这个手术来得到认可。

该法官强调需要考虑亚历克斯的想法,这也被《1975 年家庭法案》第 60CC(3)(a)条所强调。该条称"任何儿童所表达的意见和任何法院认为与应就儿童意见加以权衡相关联的因素(如儿童的成熟程度或理解力水平)都应该包括在法院确定什么是符合儿童最大利益的决策之中"。法官称这是"一个非常重要的因素"。

她还展示了该义务在《联合国儿童权利公约》第 12.1 条中如何得到了强化。该条使用了类似的语句,它要求立法者"确保有能力形成其意见的儿童有权就所有影响该儿童的事务自由地表达意见,这些儿童的意见应根据该儿童的年龄和成熟度得到应有的重视"。很明显,这是对吉利克案判决的附和。

亚历克斯通过表达自己意愿的成熟度影响了该法官。"他是一名男性的观点是持续的、不动摇的、坚决且不会改变的。"他理解动该手术意味着什么,并且很明显,他有"很深的坚持和坚定的意愿去施行双侧乳房的切除"。

这就需要法官去询问亚历克斯是否具有"吉利克能力"了。该问题也被另一位法官询问过,就是那名在亚历克斯13岁时允许他接受激素治疗的法官。该疗法是治疗的第一步,是用来抑制他女性身体特征的发育的。遵循吉利克案的规则,该法官不得不确认亚历克斯是否"有足够的理解力和智力来让他对所建议的内容完全理解"。如果是这样,他就有能力给予必要的同意。

亚历克斯已经表现出他对激素治疗的性质和后果有很好的理解。一名医学证人称其拥有"好的智力水平和认知能力",但这是否足够呢?他对该决定是否将承担"全部的责任"?该法官认为不必。

> 就笔者的观点而言,该证据不能证实亚历克斯有能力为他自己决定是否同意被建议的治疗。一名儿童或年轻人对建议去做什么及其效果有一般性的理解是一回事,但确定其有足够的成熟度完全理解所建议治疗的重要性质和效力完全是另一回事。

这是一个依赖于吉利克测试中固有灵活性的明显例证:尽管表面上有能力,但一名儿童不能"真正地"理解这类治疗中包括了什么。该法官后来评论说:

对我来说,一名儿童或年轻人像"吉利克案"中的当事人一样决定采取避孕措施和一名儿童或年轻人决定一个将"改变"其性别的进程,这两者之间存在明显的不同。就后一种情况而言,一名13岁的孩子是否可以被认为拥有能力进行决定是高度存疑的,这种情况直到这个年轻人达到成熟时也将持续存在。

这就意味着,在类似亚历克斯的情况下,一名儿童永远不能具有"吉利克能力"。

关于能力的问题在决定乳房切除的时候再次被讨论。在这些程序被听证的时候,亚历克斯16岁。本次审理的法官引述了上文关于质疑青少年在"将改变其性别的进程"中有能力去决定的段落。在后一个案件中会给出同样的答案吗?自从被允许进行激素治疗以来,在三年半的时间里,亚历克斯已经成熟了。就所建议的治疗而言,他已经掌握了"复杂思考的能力"。经过了这个阶段,他已经"在他生活的所有方面像男性一样行为"。

该法官不确定,在一种挑战性的双重否定中,她称自己"对亚历克斯没有吉利克能力并因此不能自己同意该手术这一观点并不满意"。最终,她并不需要就亚历克斯的能力作出裁决。法院中没有人认为他应被看作就给予同意有"全部责任",这取决于法官就该手术给予或不予同意。在给予其同意时,她从"亚历克斯的成熟度和可能的吉利克能力"上得到了支持。

伊娜雅(Inaya)的案件

　　1 岁大的伊娜雅的父母诉请家庭法院允许获取其骨髓去帮助她 7 个月大的堂弟曼苏尔(Mansour)。曼苏尔患有骨质石化症,如果得不到骨髓移植,他可能会在不久的未来死去。移植是唯一的治愈方法。问题在于,该获取程序是否需要法院批准或其父母是否有权给予必要的同意。在同意被法院或父母作出之前,必须作出的一个决定是,该程序是不是为了伊娜雅的最大利益。

　　法官讨论了获取骨髓的重要性。以马里恩案的判决为基础,获取骨髓是一种不属于父母可以给予同意的"特殊的医疗程序"类型吗?在一个早一点的案件 Re GWW 诉 CMW 案中,当一名"自愿且聪明的"10 岁男孩已经同意将其骨髓移植给他深爱的阿姨时,同样的问题也被询问了。处理那个案件的法官裁定,这毫无疑问超越了父母有权给予同意的普通范围,必须得到法院的允许:

　　　　"这种情况……构成了一个'特殊案件',即捐献身体组织是为了第三方,而对捐赠者没有任何身体上的好处……因此即使不考虑这一捐献并不是为了促进他的身体健康而实施,它也至少会对这个孩子产生很迅速的非治疗性不利影响。法院基于保护儿童健康的职责证明其干预是正当的。"

"伊娜雅案"中的法官并没有这么确信。尽管该程序可能是"非治疗性的",但这不能确定该事件的走向,因为该程序没有表现出马里恩案中所确定的特征。获取骨髓尽管是侵入式的,但并不是不可逆的,而且不需要"大的手术"。该程序是"在儿童中经常实施的风险很小的常规性操作"。医学证据表明,大多数经历该过程的儿童"在几天内就能恢复正常活动"。另外,即使作出了错误的决定,也没有引发"严重后果"的重大风险。因此,获取骨髓不是"特殊的医疗程序",父母可以就允许它而承担责任。

法院还是有角色需要扮演的,即法官需要监督父母履行其职责。在这样做时,法官适用"最大利益"测试。困难在于(如我们已经看到的那样)获取骨髓是为了让第三方获利(堂弟曼苏尔),并不直接保护伊娜雅的健康。

她的父亲表明"在一个尽力去避免悲伤而不是体验失去家庭成员悲伤的家庭中成长符合她的最大利益"。在 Re GWW 诉 CMW 案中的类似争论也被提了出来。如果他被阻止去救他的阿姨,该案中的这个男孩可能感到"困惑并陷入困扰"。如果这样做,伊娜雅也会遇到同样的问题。一名心理学家提供证据表明,如果不能让她去为另一名家庭成员做出牺牲,后果导致的影响将"潜在性的很大"。如果不允许该程序,她长大后可能认为是她"导致"了曼苏尔的死亡。

该法官被以下观点说服了:

> 这两个很年轻的儿童之间的关系特别重要。家庭中的每一个孩子现在都在一起生活,伊娜雅和曼苏尔也将在一起关系很紧密地成长。因此,在可能的情况下保护这种关系符合伊娜雅的利益。如果不实施该程序,伊娜雅将承担因罪恶感、自责和接触一个受创伤和悲伤打击的家庭和社区而带来的心理伤害。

该法官因此判决获取骨髓的行为符合伊娜雅的最大利益。医生们可以依靠其父母的同意来实施该程序。

肖恩(Sean)和拉塞尔(Russell)的案件

拉塞尔18岁,肖恩3岁,患有医学上罕见的德尼斯-德拉什综合征。这种疾病伴随高风险的肾脏和睾丸的癌变。这种风险可以通过手术移除肾脏和睾丸来避免。睾丸的移除将使这两个男孩不能生育(尽管医学证据表明就算不做手术,两个男孩也"几乎确定"不能生育)。

然而,马里恩案的判决结果不得不被纳入考量,儿童的绝育是一项需要法院许可的"特殊医疗程序"。因此,法院不得不回答的问题是,拉塞尔和肖恩进行所建议手术的同意是否有必要由家庭法院来许可,或是否可以由其父母来表示同意。

在讨论马里恩案判决指引意义的过程中,法官承认,所有将导致绝育的程序都需要法院允许。他引述了关键的段落:

> 说到绝育……我们没有谈到绝育是恰当施行旨在治疗身体故障和疾病的手术的副产品。因为其不确定性,我们在使用"治疗性"和"非治疗性"的表述时就比较犹豫。但不管这条界线有多模糊,都有必要作出区分。

该手术建议属于这条模糊界线的哪一面呢?该法院阐明了这难题:

> 这里的情况能够被视为包括对"身体故障和疾病"的治疗,包括"移除这些孩子们的生殖器官"。它是绝育程序的一种形式。

他裁决所建议的手术——绝育,是"恰当施行旨在治疗身体故障和疾病的手术的副产品",法院的允许是不需要的。睾丸的移除就像肾脏移植一样,按医学的观点看,其本质是一种消除(或显著减轻)未来"恶化"风险的预期最大化的手段。按照该法官的观点,对该医疗建议的同意属于父母权利的范围。

像伊娜雅案一样,这并不意味着法院不能发挥作用了。法院可以行使它的监督权并以此来提供一种保护。像我们在马里恩案中所看到的讨论一样,法院能够"在父母无权对一项手术表示同意的案件中行使管辖权,同样也可以在父母有权利的案件中行使"。通过对一项程序给予批准,法院可以在有疑问的案件,有些是"非常困难"的案件中,为父母提供保证。

在肖恩和拉塞尔案中,法官通过对"特殊医疗程序"和旨在治疗"一些身体故障和疾病"的程序加以区分形成了判决。下一个也是最后的问题:该手术是否符合两个男孩的最大利益。法官对这个问题的回答毫不迟疑。该手术建议是由医学证人推荐的。在每一个案件里,它都得到关怀的、理智的和充满爱心的父母们的支持。如果不实施手术,这两个男孩会面对非常高的患癌症的风险。用专家的话说:"把两个肾和睾丸移除可以防止癌症的发展。"另外,就算不考虑是否实施手术,两个男孩失去生育能力也存在很高的可能。

对于法院的干预,该法官还提出了一项警告,法律在试图对父母的决定予以介入或施加其影响时应小心行事。"确实,如果法院取代了一个充满爱心的环境,那是令人难过的。"那是父母和医生都能够去应对困难医疗决定的环境。

A 婴儿的案件

A 婴儿患有一种罕见的疾病,该病没有有效的治疗手段。她的生命预期只有几周或几个月,死亡无法避免。她的父母提请家庭法院,请求允许使用一种未经批准的药物。该药物还没有在人体上使用过。在海外,该药在老鼠身上做过测试,显示有效果。事态很紧急:医学证据表明,随着时间的流逝,毒素在 A 婴儿体内产生,这将导致不可逆的神经损伤。少量的这种药已经被捐赠并迅速送到澳大利亚,使用该药来帮助 A 婴儿已得到道德操守委员会的批准。

正如所料,首要的问题是,父母是否有权同意该治疗建议或它是不是一种需要法院允许的"特殊医疗程序"。法官的观点是同意该治疗在"父母职责范围之内",它不是"马里恩案"中确认的"特殊医疗程序"的类型。

尽管如此,该法官决定考虑该事件是否属于这类程序,她解释说:

> 甚至如果……那些父母在没有法院命令时确实有法定

能力去作出决定,在治疗医生们明显更喜欢一项清晰和准确的法院命令的情况下,该儿童的紧急需求不是一个应被展开讨论的好的法律问题,而是一切都要以最明确的方式落实到位,以挽救她的生命或缓解其症状。

简单地说,她的意思是,即使该案没有必要向法院提请,她也将解决它并就儿童的需要作出判决而不是针对该治疗性质进行抽象讨论。

她复查了医学证据。医生们建议使用很少量的这种药物,且只有在 A 婴儿能够忍受的情况下才继续治疗。在决定了如何去执行之后,医生们设想了一个 120 天的初步治疗方案。该法官列明了她面对的任务:

> 我不得不去考虑,实施该程序和不实施该程序对该儿童可能的长期的身体、社会和心理的影响。如果不实施该治疗又没有其他已知的治疗方法,A 婴儿将不可避免地死去。

根据医生的观点,一方面,该治疗提供了"一次生存机会,一个极大改善 A 婴儿自身条件的机会,一个让她可以长大成年的机会"。另一方面,"因为该医疗建议早先没有在人体上实施过,该儿童在治疗中所存在风险的性质和程度不能以任何真实的精确度来加以详细说明"。没有人能够确定该药物可能产生的副作用。

该法官承认,决定什么是符合儿童最大利益的决定经常存在困难,但在本案中,她面前的任务就简化为她将应对的"关系到 A 婴儿生与死的大事"。该治疗程序是不是为了该儿童的健康而确有必要存在的程序,这个问题的答案"可悲的是那么简单"。没有了该治疗,"我想,毫无疑问,这个幼童将没有机会拥有她应该获得的生存机会"。这个婴儿的父母(她称为"有教养的和聪明的")一致同意尝试该治疗的事实也支持了她的观点。因此,她没有迟疑地给予了同意。

B 的案件

12 岁的 B 已经怀孕几乎 18 周了。B 的父母希望通过使用药物米索前列醇来终止其妊娠。B 是昆士兰州政府经营的一个公立医院的病人。州政府诉至高等法院要求获准终止 B 的妊娠,其父母都表示了同意,B 也希望终止妊娠。B 还"没有达到平均的智力水平和成熟度"。根据一份证词,B 的智力水平只有同龄人的一半,明显不具有"吉利克能力",不能作出有效的同意。问题是能否基于父母的同意来终止妊娠或是否需要获得法院的批准。

本案最初引起的问题是,依照昆士兰州的法律,终止妊娠是否合法?该问题我们无须关注,我们只需要知道法官裁决在这种情况下终止妊娠是合法的就够了。这就为法院确定父母是否有权给予必要同意或是否需要法院的同意扫清了道路。

该法官依赖"马里恩案"的判决,认为父母对一些程序无权同意。她注意到在"马里恩案"中已经确认,智障女孩的同意不能被看作合法地同意其绝育,而"因为他们作出错误决定的风险和他们这样做了之后可能导致的严重后果"。她继续说:

> 基于同样的理由,B 的父母不能同意终止妊娠。法院在充当"国家父母"的角色时,其行动必须符合 B 这个儿童的最大利益。尽管 B 的父母最终可能作出有利于整个家庭其他可能相互冲突利益的决定。

但因为法院的角色是保护 B 并为了 B 的最大利益而作出独立的决定,所以这个决定不能留给其父母去作。该法官提到了医学证据,该证据表明怀孕的持续"可能给 B 的心理健康和福祉带来严重的危险,这种伤害超过了怀孕和生育孩子的一般性危险"。她对终止妊娠将符合 B 的最大利益表示满意并下令允许医院施行。

一些反应

我们已经看到"马里恩案"中的原则怎样在本章讨论的6个案件中适用。在A和亚历克斯案中(要求变性),当事人被建议进行大手术。这两个案件都不是旨在治疗身体问题或疾病,而是需要实施"特殊的医疗程序",因此需要法院的批准。法院行使了父母所没有的权力。同样地,在B的案件(12岁孩子的怀孕)中,法院同意终止妊娠是必要的。

另外3个案件给出了不同的回答。在"伊娜雅案"(需要从其处获取骨髓的儿童)中,建议的治疗方案被视为是一个相对较小且风险极低的常规手术。肖恩和拉塞尔案以及"A婴儿案"应对的是为克服身体疾病而进行的治疗。在所有的这3个案件中,法官肯定了父母有权给予必要的同意。法院在此的角色是监督父母履行其职责。为扮演这个角色,法院要基于父母的立场去克服任何的不确定性。

这6个案件(像马里恩案一样)肯定了法律的出发点应该是,一般而言,父母是就其子女的医疗活动给予同意的适当人选,只有在特殊的案件中,法院才应该干预。我们可以看到法官在肖恩和拉塞尔案中强调了谨慎的必要性,"法律在试图对父母的决定予以介入或施加其影响时应小心行事"。除了对"侵入"家庭生活表示关注外,一些法官还指出了实际问题。只要有可能,应当对复杂医疗问题作出决定的父母不必承担诉讼的压力和费用。如果一个需要在私下作出的决定,其地点开始有必要由法院来取代医生的诊察室时,这是一种不幸。有时候,父母会对他们视为对其履行职责没有必要的侵入表示怨恨。例如,在"伊娜雅案"中,她的父亲很清楚地表明,他"就法院为何有必要被卷入感到困惑"。

然而,我们也看到,一些案件已经确认一项程序需要法院的允许,但要确定什么情况是这样并不容易。概括地说,"马里恩案"确立了适用该标准的第一步。当就一项特别的治疗是不是仅能由法院允许的"特殊医疗程序"存在疑问时,要对治疗性和非治疗性加以区分。如果建议的治疗很明显旨在促进儿童的身体健康,法院一般不会介入。另外,"马里恩案"中讨论的程序包括侵入式、不可逆的大手术。重要的是,一个错误的决定被作出后会带来重大的风险。

这些标准只能把我们带到这一步,B 的案件是个很好的例证。我们可以看到,应对该案的法官是怎样表达这个观点的,即"因为他们作出错误决定的风险和他们这样做的严重后果",父母不能对终止妊娠给予同意。她所称的"风险"是由利益冲突的可能性引起的。像"马里恩案"一样,有争议的是,施行该程序将有利于其父母(像对马里恩施行手术将让其父母更方便管理和照顾她一样,B 终止妊娠可以使她的父母免于照顾其子女的责任)。

照此分析,在 B 和她父母之间居中而立是法院的任务。需要一个独立的而不是自利的决定,此时至上原则占据了上风。用"国家亲权"管辖武装起来的法院,其角色是保护儿童健康。如有疑问,只要有可能,诉讼通过确保一个建议程序符合儿童最大利益来提供守护。如果 B 将得到保护,该决定就不能留给其父母来作出。

还有一个问题是,没有关于所建议程序性质的讨论。在"马里恩案"中,确实不需要考虑手术的类型。使用堕胎药物是一种严重的干预,它不能被称为"治疗性"的(设计用来治疗"身体故障或疾病"),但这些并没有被法官所考虑。因此,这里的问题是什么?答案似乎是 B 的案件中所建议的程序是令人不安、不同寻常的。流产是一个有争议的主题,它引发复杂的道德和法律的考量。在 B 的情况下接受它将会产生焦虑和不安。B 的情况是这样的,医疗专业人员和她父母都会欢迎法院命令提供的保证。

或多或少,同样的情况在本章讨论的其他 5 个案件中都会被提及,他们是否属于法院认为父母有权给予必要同意的情况,或他们觉得需要法院许可的情况。变性的程序、为捐献给堂弟而获取婴儿的骨髓、从患有罕见疾病的年轻人身上移除肾脏和睾丸以及给一名患有罕见疾病的婴儿服用未经批准的药物,所有的这些治疗方式都可以被描述为"令人不安、不同寻常"。

在这些案件中,法院的判决所提供的保证有两种形式,笔者已经提到了一个方面。如有疑问,就去确定判断治疗符合儿童最大利益是不是法院的任务(无论它是否令人满意地得到履行或者没有)。另一个可能不那么重要,但仍具有重大现实意义的是,一份法院命令带给治疗医生的利益。如 A 婴儿案中法官所说的那样,"法院命令的清晰性和准确性"为医生提供了保证。如果一个程序非同一般,他们很可能去寻求法院的许可。这可以防止以未获得对治疗的有效同意为由提出疑问的可能性。同样的观点在肖恩和拉塞尔案中也有提及,在法官评论医生需要确定性时,法院认为,在进行一个程序之前,他们需要确信他们有坚实的基础。

尽管有趣,但本章讨论的案例构成了被相同的法官称为"狭窄案件"的一部分。尽管"马里恩案"代表了一个重大的进步——确定了家庭法院在儿童的医疗活动中拥有比其父母更大的权力,但我们不应把笔者列出的 6 个案例看得太重,从某种意义上看,在有关父母和子女权利法律的任何讨论中,它们都是旁门左道。但是,这些案例确实提出了法院干预家庭私人世界的场合的问题。

如前所述,法院就父母行使权利作出有关其子女治疗的决策的路径应谨慎干预。在笔者已经讨论过的很多案例中,它们都强烈地支持父母的决定。法院最后仍必须遵循最高法院在马里恩案中所作出的指令,即在医学事件的同意中,父母没有不受限制的权利。略加思考就可以确定,应该这样来认定——父母不是总是知道什么是最好的。例如,他们不允许就女性割礼表示同意。当然,这已经和本章检视的各类医疗程序相去甚远。女性割礼在所有的州和领地都被视为刑事犯罪,所以与此处的讨论无关,但这种活动的存留可以提醒我们,儿童医疗活动的某种形式确实很明显属于法律事务。

当我们把注意力从法院的角色转移到我们从亚历克斯案关于"吉利克能力"测试的适用中可以了解些什么。就我们的目的而言,在那个案件对青少年自治权的讨论中,重要的是法院承认似乎已在吉利克案中授予的决策权利时的那种犹豫。在第七章和第八章中,我们已经看到,法院是多么勉强地不得不允许似乎有能力的儿童拒绝治疗。在亚历克斯案中,在关于允许这类儿童同意除了简单和明显的治疗外的任何方面,我们看到了同样的勉强。

可能这种态度是正当的。可能承认亚历克斯不能理解就乳房切除表示同意的含义是正确的。当问题复杂化的时候,法院可能因拒绝基于亚历克斯的同意来行动而犯错(事实上确实犯了错),这是可以理解的。一般而言,法院的保护性本能会占据上风。

这并不意味着,本案中的法官忽略了法律对年轻人逐渐取得决策权利的承认。在她肯定亚历克斯(16岁)对乳房切除表示同意还没有"完全的责任"时,她很看重亚历克斯就施行该手术的含义所具有的成熟理解。她特别注意他的观点和愿望。

将"吉利克能力"看作一个"全有或全无"的概念是错误的。(亚历克斯要么是可以对一个复杂程序作出完全成熟同意的有能力的年轻人,要么不是,如果他不是,他就不能影响结果。)法官将亚历克斯的意愿纳入了考量,这也强化了她作出允许该手术的决定。如果情况不一样,在他父母希望去做而他拒绝乳房切除的时候,不能想象法院会给予必要的同意。在给定的情况下,"吉利克能力"不是自动地授予决策权,但在处理同意一项医疗活动时,法院不考虑像亚历克斯一样有能力的年轻人的看法就是不恰当的。

像亚历克斯一样的案件也强调了法院在关于一项长期持续的医疗活动的初始阶段形成决定时所面对的困难。(可以回想他13岁被批准激素治疗时的场景。)法院只能基于摆在它面前的事实来作出回应。对一个13岁的孩子似乎恰当的决定在10年后就不一定了。这个有说服力的少年可能改变其想法。这个问题没有什么好的解决办法。当就代表持续性治疗的第一个阶段的程序予以批准时,法官不可能预测未来多年后可能存在的变化。当被要求决定什么是一个儿童的"最大利益"时,这是法院通常会面对的挑战,这也是另一个方面的例证。

注　释

马里恩案

马里恩案的报道参见1992年卫生与社区服务部诉JWB和SMB案(马里恩案)175 CLR 218。被布伦南法官引述的美国案件是海耶斯·沃什的监护权问题608 p 2d 635(1980)。布伦南法官后来论述"国家亲权"管辖是"理论上没有限制的"参见1994年P诉P案181

CLR。智障女孩们绝育案件的例子包括:1992 年 Re Marion(No 2)案 17 Fam LR 336;1993 年 Re L and M 案 17 Fam LR 357;1995 年 P、P 和新南威尔士州法律援助委员会案 19 Fam LR 1。一些州的立法与绝育有关,例如新南威尔士州《1998 年儿童和青年(照顾和保护)法案》第 175 条。

A 的案件

参见 In re A(1993)16 Fam LR 715。

亚历克斯的案件

Re Alex[2009] FamCA 1292。该判决被另一个包括亚历克斯在内的早期案件所领先。在他 13 岁时允许激素治疗所讨论的问题参见 2004 年关于亚历克斯:性别认同焦虑症的激素治疗 FamCA 297。

伊娜雅的案件

2007 年 Re Inaya(特别医疗程序)案 FamCA 658。笔者遗漏了对判决中一个要素的讨论。该案在维多利亚州被判决。根据维多利亚州《1982 年人体组织法案》第 9 条的规定,当移植是为了给"兄弟姐妹或该子女的父母"时,父母有权同意获取其子女的骨髓。这引发的问题是,在计划的受赠人是伊娜雅堂弟的时候,该条款是否会妨碍法官对获取骨髓作出允许。这里包括的问题是,联邦立法(在保护儿童福利时家庭法院适用的法律)和州立法之间存在不一致。根据《宪法》第 9 条的规定,在引发这种冲突时,联邦立法优先。法官因此判定在本案中维多利亚州的法案"不起作用"。另一个获取骨髓的案件参考了 in Re Inaya as Re GWW and CMW,其被 the Marriage of GWW and CMW(1997)21 Fam LR 612 报道。

肖恩和拉塞尔的案件

参见 2010 年 Re Sean and Russell(特别医疗程序)案 FamCA 948。

A 婴儿的案件

参见 2008 年 Re Baby A 案 FamCA 417。

B 的案件

2008 年皇后岛诉 B 案 QSC 231。在本案的讨论中,笔者受到了这篇文章的帮助——怀特(White)和威尔莫特(Willmott)的《未成年人终止妊娠的同意与刑法关键问题》,载《法律和医学杂志》2009 年第 17 期第 249 页。他们认为终止妊娠不应该采取和非治疗性绝育一样的方式来对待。按照他们的观点,二者作出错误决定的风险不是一样严重的:绝育有长期的影响,而在 B 的案件中终止妊娠却没有。"绝育意味着该儿童永远不能生育,终止妊娠意味着该儿童现在不能生育。"法律的全部领域总是向立法者打开大门让其步入,并让一些特殊的规则符合当前需求。例如就怀孕儿童试图终止妊娠的规定就可在西澳大利亚州《1911 年健康法案》的第 334(8)条中看到。

一些反应

举一个例子,有一个条款把女性割礼定义为一种严重的犯罪,参见新南威尔士州《1900 年刑事法案》第 45 条。

10 一种三角关系

本书检视了一个三角关系:子女、父母和法院。第一部分笔者解决了关于儿童抚养的争议,第二部分则是在儿童需要治疗时关于决策的争论,法律在解决这两类争议时都发挥了作用。

如我们在第一部分所看到的,儿童保护程序可以在对一名儿童的照顾引起争议时启动。这些程序并不把儿童视为独立的个体,从某种意义上说,他们"属于"其父母。在一般情况下,与子女福利相关的决定都是由其父母作出的。"然而,儿童是很脆弱的,如果其父母不能抚养他们,他们就应该得到保护"。他们的最大利益需要得到保障。这会导致一个争议,但如果父母的请求被推翻,该争议也是可以被解决的。为了促进儿童的福利,在一些情况下有必要让法院进行干损并站在父母的立场上。

虽然第二部分讨论的案件引发了类似的问题,但存在重大的差异。一般而言,父母有权利和义务确保开展必要的医疗活动。如果他们不能履行其职责,那么法院能够全权干预。但是,当一个成熟的儿童主张其自治权并要求有权对治疗表示同意或者拒绝时,这就会产生困难。问题是法院能否置身事外并承认儿童对独立的渴望。除此之外,还存在另一个问题。有多种形式的治疗,哪些应由法院许可,哪些又是父母不能给予必要同意的呢?这就提出了一个关于法律介入家庭生活的权力的复杂问题。

在本章中,笔者将处理本书这两个部分所探讨的中心议题。

对亲子关系的干预

为理解当前澳大利亚儿童保护法律的运作,有必要知道它们的发展。第一章的论述表明,当关于儿童福利的问题被引发时,英国普通法的出发点是需要维护父亲权威的坚定信念。一份1883年的判决就表明,法院一般"无权干预父亲对其子女的神圣权利"。推翻父亲的意愿将"把整个自然的过程和秩序放在了一边"。随着时间的推移,母亲的角色也得到了承认,但流行的观点是,子女最好和其父母在一起,这是"自然法则"。该观点承认亲子关系的特殊性,法院一般不应干预。

法律进化的另一个阶段是接受了至上原则。1925 年,英国的一部成文法阐明,在任何关系到儿童抚养的程序中,法院必须将儿童的福祉视为"最首要和最重要的考量"。

该条款引发的问题是,这是否代表了涉及儿童的法律之发展的一个新开始。它是否预示了一条新的以儿童为中心的道路,一条不论是否需要都允许干预家庭私密世界的道路?换言之,至上原则能否与承认有必要尊重父母意愿的完善法律体系共存?

法院给出的答案是,吸收新的原则不需要完全放弃对家庭生活的早期态度。一个新的起点被创造出来:法律拒绝了给予父母权利优先权的惯例——那种儿童的利益会成为附属品的惯例。然而,它仍然坚持认为有必要承认父母的权利。这是通过选择至上原则实现的。应当尊重父母的权利和意愿。这一长期存在的观点,仍将是适用于影响儿童诉讼的法律的一个中心特征。在可能守护儿童最大利益的过程中,对这些权利和愿望给了关注也得到了承认。这意味着,一般而言,父母是照顾其子女和作出抚养子女决定的恰当人选。子女的利益和其父母的利益是交织在一起的,该关系是互惠的。

法律又绕了一个圈。在采纳关系儿童的政策为至高无上的考量之后,开始拒绝必须坚持维护父母权威的信念。但它也承认,在多数情况下,最好安排子女的父母来促进其利益。因此,19 世纪权威审判的回响还清晰可辨。1998 年,一名英国上议院的法官观察发现:"抚养一名儿童的最好人选是其亲生父母。"同样,2012 年,一名新南威尔士州的法官也评论说:"在像澳大利亚这样的社会中,人们抚养其子女的权利是一项非常清楚的权利,是一项应尽最大可能去尊重的权利。"这样的陈述不可能在其他州或领地受到挑战,尽管用语有变化,但法律现在不说父母的权利,而是说职责、义务和权力。

《联合国儿童权利公约》也同样反映了对家庭生活的尊重。该公约的前言中将家庭称为"社会的基本群体和所有成员,特别是儿童得到成长和福祉的自然环境"。在维多利亚州和澳大利亚首都领地,这种观点已经被并入了《人权法案》中。两地的法律都规定:"家庭是社会自然和基础的团体并有权得到社会的保护。"2006年,领地的一名法官不同意儿童法院地方法官下发儿童保护令的判决,该法官就明确援引了这一规定:

> 笔者认为,让本领地的法院去作出允许将子女带离其父母的命令,或者在没有充分考虑家庭单元的重要性和由《人权法案》的一个章节所规定的保护的权利时就将父母从家庭中实质地排除出去,这是一种法律上的错误。

正如我们在第二章中所看到的那样,澳大利亚儿童保护的成文法回应了这种对家庭的看法。《维多利亚州法案》提到"父母和子女作为社会的基础性群体单元"的内容。它还指出"有必要强化、维护和促进子女和其父母、家庭成员及对该儿童有重要性的人之间的积极联系",并规定"只有在存在对该儿童不可接受的危害风险时,才可将其带离父母"。《昆士兰州法案》规定"一个儿童的家庭对该儿童的抚养、保护和成长负有首要责任"。西澳大利亚州的成文法要求法院"遵守这个原则,即保护和促进一名儿童健康的最好方式是在对该儿童的照顾中,支持其父母、家庭和社区"。这些条款都指出了儿童法院处理照顾程序时的方式。

通过发出法律承诺保护家庭的信号,《儿童保护法案》就法院干预儿童抚养的权力施加了严格的限制。两名法官的阐述,一名是澳大利亚人,另一名是英国人,证明了该点。2000年,澳大利亚首都领地的法官同样提到,"在迫不得已的情况下,拯救儿童的基本公共政策应该被委托给其父母而不是被国家篡夺"。类似的是,在1990年英国一个涉及养父母和孩子生父之间监护权争端的案件中,法官确定他不以询问什么是对该孩子最好的作为出发点。"该问题不是这个孩子在哪里可以得到更好的家,而是该孩子的福祉积极地要求其父母权利被取代是否已经经过论证?"

在每个案件中,语言都能说明问题。对一名法官来说,国家干预有篡夺父母角色的风险,而对另一名法官来说,问题是对该父亲权利的取代是否正当。尽管两项裁决都可能因高估了对生父母主张的权衡而受到批评,但它们也反映了法律是怎样在早期判决的阴影下持续运转的。

儿童保护法案设置障碍还有另外一种方式。第二章反映了如何努力确保干预的理由是谨慎和被狭义界定的。立法者试图预测儿童可能需要受到保护的所有情况,同时又不把网撒得太广。在所有的立法中,从家中带离一名儿童是最后的手段。在新南威尔士州,当需要为保护儿童而行动时,法院必须根据第9条来采取行动,必须"最小侵入式地干预该儿童的生活……和其家庭,与保护该儿童和促进其……发展的首要关注保持一致"。澳大利亚首都领地和西澳大利亚州法案规定,儿童法院只有在满足"下达命令比不下达命令对儿童更好"的条件时才能下达命令。

还有另一种限制,一种在第一章讨论的19世纪的判决中就隐藏的限制。1883年,一名法官提到"自然法指出,父亲比法院更能了解一个规则是否对其子女有益"。在很多情况下,法院没有"用于干预的手段"。同样地,另一名法官观察到,"因为无法成功做到,或者因为缺少这样做的一种确定性,那就是,这样做不会对幼儿本身和一般社会生活带来更大的伤害,法官通常就不干预或不能干预"。直到最近,还有同样的观点被表达出来。笔者曾引述过一位法官在1988年所作的表述,"抚养一个孩子的最佳人选就是其父母",这位法官还继续建议,"公共机构不能改变自然"。

这是一个立足于实用主义的结论。它承认这种现实意识的需要,即法院满足脆弱儿童需要的能力是有限的。州政府通过将儿童带离其家庭而提供的像父母一样的有效照顾能力是存疑的。法院的命令不能改变儿童的生活:不能确保孩子们将获得安全、得到很好的照顾和能够发展他们全部的潜能。干预可能让事情变得更糟。

　　承担执行法院命令职责的福利机构面对的挑战已经在第四章中讨论过。这些机构一般都被发现缺乏资源,且其职员受训太少,工作人员经常要处理大量无法处理的案件。当他们试图协助完全破碎家庭时遇到的问题都是令人生畏的,对该系统的期待太高了。任何一个州立的儿童保护机构都是一个疲惫的阿特拉斯,需和其无法承担的重担作斗争。儿童法院面对的问题通常都是棘手的。任何儿童保护政策都必须考虑到这个事实,还要考虑这些机构承担保护儿童并促进其福利任务的能力。

　　没有必要重复那一章提供的分析,只要对儿童福利机构的日常运作进行审查就是在证明对法律提供保护和援助的能力持怀疑态度,而这正是建立该制度的目的。法律就促进儿童最大利益所作的允诺经常无法兑现,有时所提供的服务是无效的,有时(像在同一章所列出的"克洛伊·瓦伦丁案"一样)结果还是悲剧性的失败。在那里,我们看到对家庭支持的承诺破坏了儿童福利制度的运作。这不是一个独立的个案。将儿童留给或送回给没有能力或冷漠的父母并不少见。这类案件让人想起一个警告(一名法官在 1900 年发出的),那就是,为了"父母权威的崇拜"而牺牲孩子的福祉的危险。一项现实的政策必须基于认识到家庭并不是总像其被假定的那样是一个避难所而建立。

　　这个教训必须被牢记的同时,目前的儿童保护政策以避免或最小化国家对家庭生活的干预这一哲学理念为基础也仍是事实:该过程被视为坚持促进儿童最大利益这个确定的希望。干预在有需要的时候可以存在,但也仅仅只能在有需要且可能有好处的时候存在。儿童福利机构正面临接近反对干预亲子关系的假设。用简单的术语来说,这个口号是"不干涉"。

这反映了在保护儿童时国家所被视为的角色所发生的历史性变化。儿童保护系统发展成福利政府的一个部分,它的目标是仁慈的。该系统是基于福利工作者是站在父母和子女这一边的假设而建立起来的,他们的利益和家庭的利益被假定为是一致的。儿童保护系统和家庭被预测将携手合作。该观点的基础是对该系统所提供的和对职业化"专家"的技能所抱持的乐观主义态度。"在社会工作者和独立的家庭成员之间,对家庭的干预并没有被认为是一种潜在的敌对来源。"

我们已经看到这种假定是怎样被拒绝的。对系统的自信已经被削弱了。国家干预人们的生活,尤其是以促进最大利益的名义进行干预,是令人质疑的。对"家长作风"的怀疑表达了其信念是基于儿童的"权利",并把父母单独留在一边。因此,钟摆从一种最大化干预的政策摆向最小化干预的政策。我们现在面临两种相反模式的儿童福利立法:一种是决心朝着满足儿童需求的广泛领域方向进行仁慈的干预;另一种则强调约束国家侵入家庭生活的合法性、正当程序及必要性。但这两种模式都可能遭到批评。过分热情的干预被那些希望保护家庭自治权的人和对那些被设计出来代替父母的国家行为持怀疑态度的人所谴责,而干预失败也会让儿童失去保护。

最大的利益

在第二章中,笔者说明了至上原则是怎样被澳大利亚所吸纳和适用的。带着各种变化,它在所有澳大利亚儿童保护的成文法中得到了体现。在一些司法管辖区,虽然"最大利益"一词被"福祉"所替代,但这并不重要。

考虑到法律对该概念的强调,提醒大家这个概念有多么不确切是有用的。在"马里恩案"中,布伦南法官注意到"最大利益法没有提供价值层级,这就可能导致其被任意地践行"。这也许是它的长处,就像法官所承认的那样,法律"不应假装过于精密"。每个案件都有赖于它准确的事实。在特殊情况下,法官应该基于其对什么符合儿童最大利益的观点自由地作出裁决,接受这种观点可能是恰当的。但也有一个问题,就是缺乏指导方针。"最大利益法取决于决策者的价值体系",这种做法造成了"无法审查的自由裁量权"。

为了支持其观点,该法官引用了下面的一段评论:

通过参考儿童最大利益公式来决定任何案件必然是靠

不住的……思考片刻就会发现,尽管它被视为一种测试,在关系到儿童的事务决定时也确实存在法律测试,但它根本就不是真实的测试。相反,它只是某种社会政策的粗糙结论。它使律师和法院能够说服自己和他人,他们的做法是有原则的。同时,他们按其他人明显觉得是服务于短期利益的方针来从事工作……在试图通过声称源自最大利益公式中包含的一般性原则来使其结论合法化时,法院能够……对每一个案件作出本能的回应。事实上,当然除了最佳利益的空洞言论外,不存在其他的一般原则。或者更进一步来说,存在一些原则……但法院不会告诉大家。

同样地,另一个评论者指出,适用最大利益的标准允许法官"考虑几乎任何对儿童福利可能有影响的因素并根据其权衡来做出分配"。

适用这种主观性测试时所遇到的一些困难已在第三章审视的案例中予以阐明。特别值得注意的是,关于儿童抚养观点上不可避免的不一致所导致的问题。我们看到,在案件中社会工作者们将儿童所接受的照顾描述为"足够好"或"不太差"。这就会在适用的标准上产生疑问:这意味着尽管工作者们有所保留,但照顾的标准是能够被期待的。这就代表着一种对最大利益标准的任意性适用(但可能也可以理解)。

更为重要的是,第五章所论述的对在土著儿童保护程序中适用最大利益测试的分析中所反映的疑问。在文化多元的社会,该测试的适用是基于什么基础?通过允许作为主流文化一员的政策制定者推行与少数人群体不一致的价值观,从而使文化偏见合法化。在对受照管的土著儿童比例过高表示关注时,我们就遇到过这种批评。也有批评认为,这个结果是对导致了"被偷走的一代"政策的回归。

然而,这种反对意见可以被反驳,在通过承认"欧洲标准"被使用时必须详细审查的同时,也存在一种不可否认的需求,即要求法律介入以保护儿童免遭在澳大利亚所存在的虐待和长期漠视。一名观察者曾询问,文化相对主义是否意味着就澳大利亚土著社区中的儿童抚养而言,无论施加给儿童的风险有多大,从业者都不能或不应作出道德评判。在家庭事务中接受多样性和差异性的影响是什么?

在考虑儿童保护政策时,有必要记住,最大利益标准不仅是模糊的,它还体现了一种不切实际的崇高目标。在实践中,如同第三章所述的那样,法院必须经常降低其标准。一个例子是,一位评论员在另一种情况下提供了一个例子,说明法院愿意否决父母对孩子的医疗决定。该评论者说,这些事务不是基于儿童"最大利益"来决定的。更进一步说,问题是"父母为子女作出的选择是否足够差,以至于不能被遵循"?这也适合就儿童保护事务来发问:"儿童的情况是否足够差,以至于需要干预?"这可能代表了接受法院可以致力于保护儿童免遭伤害这一观点的普遍意义,但不能更进一步,确保儿童的最大利益可以被促进。

法律如何运作

还有另一种理解儿童保护法律中所体现的约束的方法。福利工作者在律师所设计的框架中运作,由此产生的规则和程序影响结果。该系统设计在不干预方面出了错。这里我们看到,法律扮演着其传统的角色来限制国家权力的实施,法律坚决反对任何对家庭生活的无理干涉。

在第三章一个案例的研究中("世界的不同认识")可以看到一个例证。法官在此强调,需要认真地证明事实,严格的证据规则被适用。健康护理专家的意见可能是正确的,但并不足够。法官在其被说服该父母犯了错误之前坚持要求确信的证据。在涉及儿童监护权所引发争议的案件中,福利工作者不会声称,他们"理解"该儿童时能和养父母一样做到更好。两个案例都说明,当一件事务被诉至法院,福利机构有义务去论证该父母的主张应被取代。

如同我们在第四章所看到的,儿童福利工作者通常不太理解法律程序并在法院感到不舒服。他们很容易认为,这些程序妨碍他们获得其认为符合儿童最大利益的结果。用一个评论者的话说,他们抱怨说,"出于对父母的公平考虑,法院允许严格的法律主义进入照护程序的证明阶段,而这要以牺牲儿童为代价"。当福利工作者看到一名儿童处于风险之中时,他们经常因为系统的缺陷而在允许干预方面受到阻挠。

社会工作者与律师间存在的鸿沟在对维多利亚法院的决策研究中进一步得到了论证。该研究表明,一些被访问的法官对儿童保护工作者提交案件的方式提出了批评,他们认为这些儿童保护工作者缺乏法律训练。法官抱怨证据的质量通常很差并经常提交"一面之词",因此,他们倾向于"对儿童保护工作者的证词表示出一种不加考虑的态度"。让没有家庭的年轻的儿童保护者去告诉有3～4个子女的父母怎样去组织一个家庭,有人对此表示了怀疑。他评论说,他看到不少父母"怒发冲冠"。法官对允许干预家庭生活一般表现出不情愿。然而,他们中的一些人承认,因为经常与向其报告的家庭广泛接触,很多儿童保护工作者比法官更能理解这些问题。

还有一些观察者的结论是,在处理关系到儿童福利的事务时,法律机制通常并不恰当。法律以一种不同的方式来审视这个世界。如同我们已经看到的,儿童保护法聚焦于可以被仔细证明的特殊事件和需求。这些都是发生在过去的事件,法律不具备决定儿童未来福利问题的能力。儿童法院的任务是把握一个特殊儿童情况中的"事实"并在这些事实的基础上寻求"正确的"决定。这和确定并满足一个儿童的需要不同,这些功能的执行已超越了法院可以达到的要求。解决一个功能不全的家庭所制造的复杂难题需要整合健康、教育、住房和福利机构的资源。

该结论告诉我们,法律不能在儿童福利领域获得什么。同时它也指出,家庭生活中的法律介入应最小化,但这并不意味着彻底放弃这种介入。法律需要发挥特别的作用。在一些场合,诉诸国家强制是必要的,儿童保护程序也可以允许或不允许使用强制手段。在采取干预之前,必须详细审查证据——"这类强制……总需要证明是合法的",确保提供这种正当性是程序性规则的工作。无论是否看似需要,国家都不得自由地干预。

只有当该规则被适用且合法性得以确立时,儿童法院才能行使最佳利益测验所赋予的自由。该测试的适用允许法官们在需要颁发儿童保护令的时候践行其标准,笔者已经就这种方法(或好或坏)发表过评论。一个以规则为基础的系统会限制决策者,而一个允许决策者行使这种自由裁量权并决定什么对一个特定孩子"最好"的系统则不会有这种限制。

对比19世纪的法院和现在的法院的采纳方式就可以说明其差异。如前所述,19世纪处理家庭争端的法官们将父亲对其子女的监护有绝对的权利这一规则作为出发点。现在已经没有这样的规则,此类争议已经可以基于什么是符合儿童最大利益的决定这一问题彻底解决。这就可以找到在法律路径和行使自由裁量之间的差别。不可避免的事实是,处理涉及儿童争端的法院必须将这两种途径相结合。在暗示了两者互不相容的同时,我们看到,儿童保护系统强迫法院去实现两者的组合。它受制于规则并必须遵守已经确立的原则,但又必须自发地去做符合儿童最大利益的事情。

一个法院的命令不能解决家庭的问题,它最多能为这些问题的解决提供一个回应的框架。一名退役的将军最近评论说,当国际冲突愈演愈烈时,不能用军事化的方式去解决。同样能够说,当儿童没有被恰当照顾的时候,儿童保护法不能提供一种解决方法。法律的特殊(也是受限制)的角色必须得到认识。

关于决策权的争论

笔者现在转而讨论第二章所引发的一些问题。当然,更重要的是在第六章中所论述的后续发展,这就是"吉利克能力"这个概念的出现及其推论,是对父母将控制其子女生活的全部方面的一种拒绝性观点。据说,自由主义中体现的最重要的价值是对个人自治权重要性的信仰。同意该观点的人们称赞吉利克案的判决是对儿童权利的迫切需要的承认。他们认为,与年龄相关联的限制条件是武断的,举证责任应该落到那些希望控制他们的人肩上。

这些评论反映了这样的信念,那就是,过去的法律家长式作风太强硬,成熟的儿童在主张自己自治权、需要被聆听、作出自己决定和从父母的阴影中走出的时候,应该得到支持。可能这样说是正确的,即这些观念倾向于主导当前关于儿童和相关法律的讨论:我们生活在一个使用权利语言一般不会受到挑战的时代了。

该观点能够被质疑,在这种情况下,使用权利语言通常是无益的:通常只是给复杂的问题提供一个简单的答案。为何儿童权利的宣告提到社会对儿童的义务?一个评论者曾对"放弃"儿童权利的危险提出警告,其结果可能是不能提供所需的保护、照顾和引导。这也是对童年时代特殊性的一种提醒。认为"平等"应成为目标(那些有"吉利克能力"的儿童应该像对待成年人一样被对待)就是忽略了其特殊性。儿童不仅仅是另一种弱势群体(像少数民族一样),儿童还是易受到伤害的。直到他们达到一定的年龄并有能力去自己作出明智的决定之前,国家都扮演着保护他们的角色。为努力确保他们的利益永久地不受到不利影响,有义务去进行干预。一个在特定场合下符合"吉利克能力"测试的儿童依然是个孩子,不能在所有的场合都像对待成年人一样来对待该儿童。

在第二部分的每一章,我们可以看到"吉利克能力"测试是怎样被操控的。法院已经表明,当对一个成年人世界而言,看似成熟的儿童作出的选择将其健康置于严重危险之中时,他们是不允许其行使决策权的。这是应用最大利益测试所赋予的自由。在医疗事件中,法院曾粗暴地适用该测试:不言而喻,当一个成熟儿童拒绝同意治疗会带来死亡的高度风险或其他严重后果时,基于儿童最大利益让法院干预,推翻该拒绝并允许所建议的治疗是应当的,关于儿童作出理智决定能力的争议可能通过观察该儿童仍是孩子因此保护性干预是正当的来予以回答。

很明显,法院在承认年轻人的自治权方面表现得模棱两可,不仅在拒绝治疗的情况下如此,在同意权存在争议的情况下也是如此。在第九章,我们遇到一种观点,即一个有能力的儿童可能永远没有能力同意进行变性手术。这只不过是一个建议,但澳大利亚法律似乎不太可能容纳这样一种可能性,即没有任何形式的治疗是一个有能力的孩子不能同意的。例如,不可想象的是,如果澳大利亚立法允许安乐死,那现行法律就会允许一个有能力的儿童对该程序给予有效的同意。最终,最大利益测试将被适用,法院将不会基于承认年轻人的自治权的必要性而作出该裁决。

法院的角色

法院主张其有权推翻一个成熟儿童拒绝同意治疗的决定,这已经被讨论过。当父母拒绝给予必要的同意,而医学证据显示该拒绝将置其子女于严重危险之中时,产生了不同的考虑。

从一个方面看,法院在这种情况下的干预没有问题。父母有义务确保其子女接受必要的治疗,如果他们不履行该义务,法院就会站在父母的立场上并充当父母的角色。在第八章讨论的案例中,这种干预符合儿童最大利益已得到了肯定。关于竞争性价值判断的争论几乎没有空间：干预的理由是保护儿童免受严重伤害的风险，其正当性符合法律行为在极端情况下是无可非议的这个观点。从法院的立场出发，法律干预的效力也是一个因素。如果医学证据是有说服力的，且法院给予了有效的同意，推荐的治疗就将被允许。在此，我们看到至上原则以这种纯粹的方式得到了适用。尽管在儿童保护事务中，干预通常是有问题的，必须对父母的利益也给予仔细的关注，但当一名儿童拒绝必要的治疗时，父母的意愿通常不会成为约束。

然而，这个结果仍可以通过问一个简单的问题被挑战：谁说法院比其父母更能确定一个孩子医疗上的需要？这就把我们带回了基于法律对父母权利的固有尊重和随着干预家庭私人世界这个想法所带来的不适而引起的争议。这些争议只能到目前为止。如果从本书中讨论的若干案例中吸取一个教训的话，那就是，现在已经承认，在一些情况下，与让其父母来决定什么是一名儿童的最大利益相比，由法院决定会更好。然而，该问题不应被忽略。法院已经表明其愿意介入家庭生活，不假思索地接受它们对该权力的主张是不明智的。该权力的使用应该被仔细审查。

用布伦南法官在"马里恩案"中的话来说，危险在于出现一种"帝国的司法"。这提醒我们有必要经常询问，在一个特殊的争端中，法院是不是"权力适当的储存库"。当争端是家庭事务时，尤其需要这样。法院能够自信地声称其了解儿童的最大利益的依据是什么？

正如我们在第九章中所看到的那样,促进"帝国的司法"警告的问题在一个案件中产生,该案中包括了比法院篡夺父母决策权更多的问题。该案裁定,除了父母权利外,法院可以主张父母并不拥有的权利。(本案包括一个父母不能给予有效同意的"特殊医疗程序",这将被记住。)

第九章讨论的案例强调了确认法院角色的困难。关于法院像"最高父母"一样行动的主张可能会引起质疑,该质疑在法院主张执行比父母对子女还广泛的权力时更加强烈。法院主张对儿童拥有"理论上不受限制的"权力(这样可排除父母),其合法性值得怀疑,但该主张可以依赖于最大利益原则来为自身辩护。

当考虑不一般的医疗程序时(如绝育或变性),为何必要的同意是由法院而非父母作出,该问题的答案是,这些程序引发了复杂的问题,而这些问题仅仅只有法院被允许回答。这里存在可能作出错误决定的重大风险。在该类程序可以依法执行前,为了确保该儿童的利益得到保护,支持和反对的意见都必须在法院进行审查。

然而,"马里恩案"的遗留问题是在就医疗活动进行决策时,对法院角色的限制还不能确定。父母不能给予同意的"特殊医疗程序"和属于父母职责范围内的一般程序之间的划分标准是不清晰的。

最后的话

　　法院在保护儿童方面发挥着作用。但法院所扮演角色的性质是有争议的。何时法律把父母放到一边而何时法律将进行干预？然而,促进儿童最大利益的义务是清楚的,对父母自治权的尊重也是一个重要因素。支撑这种尊重的方法是相信"子女和父母之间自然的亲和力"使父母比任何其他外来人都更适合照顾子女,并为子女的利益去作决定。然而,在一些情况下,这种看法会给保护儿童免遭伤害并促进其利益的需要让路。这里存在一种不可解决的张力。一名英国上议院的大法官坚定地声称,"实施或促进任何家庭生活模式都和国家无关",这种看法过于简单。虽然亲子关系的特殊性需要得到保护,但法律在监督家庭私人世界中发生了什么时仍有角色需要扮演。本书试图解释和分析了法律完成其职责的方法。

注　释

对亲子关系的干预

　　19 世纪案例的引用在第一章。法官称"抚养儿子的最佳人选是其父母"的案例参见 1988 年 Re KD(A Minor)(Ward Termination of Access)案 AC 806。同一个法官后来评论说"公共机构不能改善自然"。关于父母抚养自己子女权利的陈述参见 2012Re Cameron 案 NSWSC 1453。人权条款参见维多利亚州《2006 年人权和责任宪章法案》第 17(1)条和澳大利亚首都领地《2004 年人权法案》第 11(1)条。适用澳大利亚首都领地《人权法案》的案件是 2006 年 A 诉残疾、住房和社区服务部首席执行官 ACTSC 43。引用的条款是《1999 年儿童保护法案》第 5B 条、《2005 年儿童、青年和家庭法案》第 10 条、《2004 年儿童和社区服务法案》第 9 条。反对照顾儿童的权利被国家篡夺的警告参见 2000 年 CD 诉教育和社区服务部行政长官 ACTSC 81。涉及监护权争端的英国案例参见 1990 年 Re K(A Minor)(Ward:Care and Control)案 1 WLR 431。引用的条款包括《1998 年儿童和青年(照顾和保护)法案》第 9 条、《2004 年儿童和社区服务法案》第 46 条、《2008 年儿童和青年法案》第 350 条。为了崇拜父母的权威而牺牲孩子的警告参见 In re O'Hara[1900]2 IR 232。关于儿童保护政策存在的历史变化的讨论参见帕顿(Parton)和马丁(Martin)《英格兰和威尔士的公众调查、法律主义和儿童保育》,载 1989 年《国际法律和家庭杂志》第 3 期第 21 页;斯科特(Scott)《儿童福利立法与专业实践》,载 2002 年秋季《拓展实践》第 9 页;卡尼(Carney)《澳大利亚儿童保护实践和立法的新方法》,载 1989 年《虐待和忽视儿童》第 13 期第 29 页。

最大的利益

布伦南法官关于最大利益的讨论参见 1992 年卫生和社区服务部诉 JWB 和 SMB（马里恩案）175 CLR 218。关于纳入考量因素的多样性的评论参见埃凯拉尔《调节离婚》（1991 年）。关于文化相对主义暗示的评论参见特里杰（Trigger）"介入"，对阿尔特曼和欣克森著作《文化危机：澳大利亚原住民的人类学和政治》（2010 年）的评论，载 2011 年 2 月《澳大利亚书评》第 62 页。关于在医学式干预存在前父母的决定有多坏的问题参见威尔金森（Wilkinson）《死亡或残疾？》（2013 年）。

法律如何运作

关于"守法主义"的抱怨参见福丁（Fortin）《儿童权利与发展法律》（2003 年第 2 版）。对维多利亚州儿童法院决策的研究参见希恩（Sheehan）《裁判官在儿童保护案件中的决策》（2001 年）。关于国家强制总需要证明正当的评论参见埃凯拉尔《家庭正义：理想还是幻想？家庭法与社群主义价值观》，载 1995 年《当前的法律问题（第二部分）》第 48 期第 191 页。关于法律途径和旨在促进儿童最大利益的方法间区别的讨论参见金（King）和派珀（Piper）《如何看待孩子》（1990 年）；金和特劳尔（Trowell）《儿童福利与法律：法律干预的限度》（1992 年）；帕克《英澳法中的权利与效用》，载 1992 年《现代法律评论》第 55 期第 314 页；德瓦《家庭法的正常混乱》，载 1988 年《现代法律评论》第 61 期第 467 页。

关于决策权的争论

关于放弃儿童权利危险的警告参见哈芬(Hafen)《儿童解放与新平等主义:关于放弃青少年"权利"的一些保留意见》,载 1976 年《杨百翰大学法律评论》第 605 页。类似地,强调需要记住儿童是一个特殊和容易受到伤害的群体参见丁沃尔、埃凯拉尔和默里《童年作为一个社会问题:法律规制史调查》,载 1984 年《法律与社会杂志》第 11 期第 207 页。关于需要承认儿童自治权的讨论参见林德利(Lindley)《青少年和其他儿童》,载 1989 年斯格瑞(Scarre)编《儿童、父母与政治》第 72 页。笔者关于有能力的儿童有能力对安乐死给予有效同意的评论不是空穴来风的猜测。澳大利亚法律和荷兰法律的规定是相反的。在荷兰,超过 16 岁的儿童可以要求撤销所有的医疗活动,当其父母不同意时,医生也不可能仅根据儿童的意愿来采取行动。相关立法似乎允许这么做,参见 Wet op de Geneeskundige Behandelings Overeenkomst(这是关于病人权利和义务的立法)。

法院的角色

提到的"帝国的司法"是布伦南法官的判决,参见 1992 年卫生和社区服务部诉 JWB 和 SMB(马里恩案)175 CLR 218。

最后的话

关于子女和父母间自然亲和力的评论参见谢弗(Schaffer)《为孩子做决定:心理学问题与答案》(1990 年)。法律的监督角色和尊重父母权威的必要之间的张力被强调于丁沃尔、埃凯拉尔和默里《儿童保护:国家干预与家庭生活》(1983年)中。英国上议院大法官于1990年的声明参见霍格特《家庭法改革将在哪里结束?》,载1992年《国王学院法律杂志》第3期第64页。

索 引

有能力儿童的自治,也称"吉利克能力"(Autonomy of competent child see also Gillick competence/competent)99,101 - 105,107 - 171,133 - 139,161 - 162,175 - 176

最大利益原则也称至上原则(Best Interests see also Paramountcy Principle)2,22 - 24,35 - 36,38 - 42,54 - 57,70,73 - 75,83 - 85,88,170 - 172

案例研究(Case studies)

一个困难家庭(A troubled family)37 - 43,54,56,58,62,65

亚历克斯(Alex)案(Alex's case)149 - 151,158,161 - 162

安德鲁(Andrew)案(Andrew's case)46 - 49,57

A 的案件(A's case)148 - 149,158

A 婴儿案(Baby A's case)155-158,160

B 的案件(B's case)157-160,163

克洛伊(Chloe)案(Chloe's case)60-65,169

世界的不同看法(Differing views of the world)49-52,60,65,172

伊丽莎白(Elizabeth)案(Elizabeth's case)29,31-37,56,69,80

希瑟(Heather)案(Heather's case)123-125,127,131,139-140

伊娜雅(Inaya)案(Inaya's case)151-154,158-159,163

朱尔斯(Jules)案(Jules's case)126-128,138,140-141

肖恩(Sean)和拉塞尔(Russell)案(Sean and Russell's) case 153-155,158,160,163

切断家庭联系(Severing family links)43-46,53,57,69

托马斯(Thomas)案(Thomas's case)29,128-129,139-141

X 的案件(X's case)120-121,123,133-134,136,140

Y 的案件(Y's ca)118-119,129,136,140

儿童保护法律的特征及适用(Child protection laws nature and application)18-53,164-170

儿童保护机构(Child protection services)42-43,58-67,168-170

普通法的特征(Common Law nature of)1-2

法院的角色(Courts role of)14-17,27-28,49-53,55,60,114-116,128-129,136-139,142-147,158-162,172-178

家庭作为基本群体性单元(Family as fundamental group unit)25-26,56-58,165-170

吉利克(Gillick)能力(Gillick competence/competent)102-108,111-116,120-123,133-139,150-151,161-162,175-176

土著儿童保护(Indigenous/Aboriginal child protection)

儿童安置原则(child placement principle)

适用(application)86-90

立法(legislation)81-82,93

文化冲突(cultural conflict)78-79,83-86,171

文化认同(cultural identity)72-74,82-90

儿童保护成文法中的承认(recognition in child protection statutes)80-82

发育障碍,意思是(development impairment, meaning of)77-78

家庭,不同的观点(family, differing views)76

伤害,概念的含义(harm, meaning of)76

系统历史(history of the system)69-72

土著社会工作者和治安法官(Indigenous case-workers and magistrates)89

干预,造成伤害(intervention, harm caused by)77-78

多元化社会问题(multiple social problems)78

忽视,概念的含义(neglect, meaning of)76-77

民族自决(self-determination)72-74,90

被偷走的一代(stolen generations)65-66,69,78,83,90-91,171

联合国儿童权利公约,适用(United Nations Convention on the Rights of the Child, application)80,82,91,93

法律技术,性质(Legal techniques, nature of)21-22,49-52,65,172-175

立法,作用(Legislation, role of)18-19

医学证据,作用(Medical evidence, role of)130-131

儿童医疗(Medical treatment of child)

子女的同意(consent by child)96-99,102-105,147-151

法院的同意(consent by court)142-162

父母的同意(consent by parent)111-114,142-155

子女的拒绝(refusal by child)107-110,118-123,133-138

父母的拒绝(refusal by parent)118-128,130-132

至上原则也称最大利益原则(Paramountcy Principle see also Best Interests)11-15,18,22-26,29,35,38,48,57,70,88,90,98-99,101,165,170-172

国家亲权(Parens Patriae)114-115,117,119,121,126-129,138-139,141,144,146,157,159

亲子关系(Parent/child relationship)9-16,47-48,56-58,165-170

父母责任(Parental responsibility)27,96-98,101-102

育儿(Parenting)

足够好(good enough)40,54-55,59,62,171

特殊的医疗程序(special medical procedures)

同意(consent to)

获取骨髓(bone marrow harvest)151-153

变性(gender re-assignment)148-151

一般讨论(general discussion)158-162

绝育(sterilisation)142-147

终止妊娠(termination of pregnancy)157-158

《联合国儿童权利公约》(United Nations Convention on the Rights of the Child)24-25,29,35,55,57,80,82,91,93,129,136,150

图书在版编目（CIP）数据

子女、父母与法院：家庭生活中的法律干预／（澳）约翰·西摩（John Seymour）著；李俊译. -- 北京：法律出版社, 2025. -- （民商法经典文库／赵万一总主编）. -- ISBN 978 - 7 - 5244 - 0231 - 2

Ⅰ. D913.904

中国国家版本馆 CIP 数据核字第 2025CZ0142 号

子女、父母与法院：家庭生活中的法律干预 ZINÜ、FUMU YU FAYUAN：JIATING SHENGHUO ZHONG DE FALÜ GANYU	［澳］约翰·西摩 （John Seymour）著 李　俊译	策划编辑　沈小英 责任编辑　毛镜澄 　　　　　庞玥坤 装帧设计　李　瞻

出版发行　法律出版社		开本　A5
编辑统筹　法治与经济出版分社		印张　8.375　　字数　193 千
责任校对　杨锦华		版本　2025 年 5 月第 1 版
责任印制　吕亚莉		印次　2025 年 5 月第 1 次印刷
经　　销　新华书店		印刷　北京盛通印刷股份有限公司

地址：北京市丰台区莲花池西里 7 号（100073）
网址：www.lawpress.com.cn　　　　　　　　销售电话：010 - 83938349
投稿邮箱：info@lawpress.com.cn　　　　　　客服电话：010 - 83938350
举报盗版邮箱：jbwq@lawpress.com.cn　　　　咨询电话：010 - 63939796
版权所有·侵权必究

书号：ISBN 978 - 7 - 5244 - 0231 - 2　　　　　定价：78.00 元

凡购买本社图书，如有印装错误，我社负责退换。电话：010 - 83938349